2週間でヤセる法則

「腸活」+「便活」で最強ダイエット！

小林弘幸

ワニブックス
|PLUS|新書

はじめに

『2週間でヤセる法則～「腸活」＋「便活」で最強ダイエット！』

本書のタイトルを見て、その真意がおわかりになった方がどれだけいるでしょうか。

ダイエットといえば、つらい運動や過酷な食事制限が思い浮かぶかもしれませんが、**一番大切なのは「腸」**――それを皆さんに伝えたかったのです。

私は、腸と自律神経（内臓や血管の機能をコントロールする神経）の専門医として多くの患者さんと接してきました。そこで得た結論は、**苦労してヤセようと思う必要はない**ということです。

「今までたくさん努力も苦労もしてきたけれど、結果は出なかった」という方も多いことでしょう。本書では「どうしてもヤセられない！」「ヤセたいけれど、仕事が忙しくて余裕がない」というお悩みを抱えている方に、どうしたらヤセられるのかを医学的見地からお伝えしたいと思います。

本書を手に取られた方の中には、運動や食事の制限など、必死の思いで苦労をして、一時的にはヤセることができたという経験がある方もおいでででしょう。

しかし、過酷なダイエットを続けるのは限界があります。ほとんどの場合、ある程度までヤセたら満足してしまい、やってくるのはリバウンド、あっという間に元通りです。元通りで済めばまだいいのですが、一度ダイエットに成功した気の緩みと、我慢を重ねた自分へのご褒美《ほうび》として、ついつい高カロリーの食べ物に手を出し、前よりも太ってしまうなんて方も多いのではないでしょうか。

最も避けてほしいのが、超偏食ダイエットに代表される「不健康な減量」です。極端に偏ったダイエットが体にいいはずがありません。健康を害してまでヤセるなど、本末転倒もいいところです。

ところが、体への悪影響を深く考えることなく、積極的に無謀な減量に手を出す人があまりにも多いのが現状です。「健康と引き替えにヤセる」——まるで悪魔との取引のようなことをする人が後を絶ちません。

極端な偏食ダイエットだけでなく、自己流の断食や、ヤセる目的での喫煙なども意味は同じです。特に女性には、将来の妊娠や出産に影響が出るかもしれないというリスクを認識していただきたいと思います。

必死の努力は続かずにリバウンド、不健康な減量により体調が悪化。気づけば肌もカサカサになり、集中力の欠如から仕事にも悪い影響が出る……これが、今までダイエットの失敗を繰り返してきた方々の悪しきパターンでしょう。しかし、この本を手に取ったからには、そうした苦労とはお別れです。

ハードな運動も、過酷な食事制限も必要ありません。もちろん忙しいビジネスパーソンでも大丈夫です。大切なのは、**腸と腸内細菌が喜ぶ活動を続けること**。ただそれだけです。つまり本書のタイトルの真意とは、「腸を大切にすればヤセられる」というシンプルなものなのです。

「続かない必死の苦労」をやめて、「ラクラク楽しく続けられるライフスタイルのチェンジ」へ――。

「不健康な減量」をやめて、「腸と腸内細菌が喜ぶ活動」＝「腸活」へ――。

きっとあなたの「ヤセる」イメージがガラッと変わることでしょう。

そして**自律神経のバランスを整えることも大切**です。詳しくは本文で解説していきますが、「腸活」は、ダイエットを成功に導くだけでなく、全身と精神に関するさまざまな病気のリスクを大きく低下させます。さらに「幸せホルモン」や「若返りホルモン」が分泌されて、老化を抑制し、素肌がキレイになっていきます。

そして、心と体のボトルネック（詰まり）が解消され、**仕事のパフォーマンスまでアップ**します。

このように、「腸活」はいいこと尽くめ、好循環のスパイラルが始まることでしょう。「ヤセる」という目的から入ったとしても、最終的にはあなたの人生が好転していくことは間違いありません。

これは決して荒唐無稽《こうとうむけい》な絵空事《えそらごと》ではありません。私がそう断言できるだけの医学的な根拠についても、この本の中で解説していきましょう。ぜひ本書とともに、ご自分の腸と向き合う機会をつくっていただきたいというのが私の願いです。

そしてもうひとつ。ダイエットの妨げとなるものに「便秘」があります。

「便秘＝女性」というイメージが強いかもしれませんが、**便秘に悩む男性も近年は少な**

くありません。私は腸の研究と並行して、大学病院で「便秘外来」という専門外来も行っています。重い便秘症や、便秘と下痢を繰り返す「過敏性《かびんせい》腸症候群」など、腸のトラブルに悩んでいる患者さんは非常に多く、初診の予約が「数年待ち」という状況です。

便秘外来では、患者さんひとりひとりの問題を突き止め、適切な治療を施し、症状を改善する生活習慣の指導を行います。症状が改善した患者さんたちは、身も心も軽くなり、表情が明るくなります。

うれしいことはそれだけではありません。気になっていたお腹周りがスッキリして、ウエストが引き締まり、体重が減る方が多いのです。

本書は**「腸活」**と**「便活」**を軸に、腸と自律神経の大切さにも触れながら、皆さんにダイエットと仕事のパフォーマンスアップを提案していきたいと思います。

決して無理なことを強《し》いたりしません。無理強《じ》いは、腸に優しくない生き方ですからね。本書を読めば、安心して腸に優しい生活習慣を続けていただけるはずです。

ひとりでも多くの方が本書のメソッドに取り組まれ、望み通りの体形と、望み通りの人生を送られることを願っています。

目次

第2章　人生を変える「朝だけ腸活ダイエット」……43

※本書は2011年10月に刊行された『便活ダイエット～便秘外来の医師が教える、排便力がアップする11のルール～』、2016年1月に刊行された『小林弘幸式2週間プログラム 朝だけ腸活ダイエット』（ともに小社刊）を再構成し、加筆・修正を加えたものです。

第1章　腸がわかればヤセられる！

■実は脳よりスゴい腸の力

「腸なんて、食べ物から栄養分を取り込んで、便に変えるだけの臓器でしょう?」未だにそのように思われている方が多いかもしれませんね。まずはその認識は改めていただく必要があります。

昨今、腸の重要性が注目されるようになり、「腸は第二の脳である」と言われるほどになりました。しかし、私は不満です。それを言うなら、**「脳は第二の腸である」**とすべきです。脳よりも腸を中心に考えるべきだと思うからです。

そもそも「腸」とはなんでしょうか。生物の進化の過程からひも解いていきましょう。生物の進化の過程を見ても、**腸は脳が出来上がるはるか昔から存在していました**。すなわち生命にとっては、脳よりも腸のほうが根元的なものなのです。ミミズのように全身が腸のような生物も存在しています。

進化の過程はよく樹の枝分かれにたとえられますが、腸はまさに樹の幹に相当し、その幹からさまざまな臓器が枝分かれして作られていきました。

このことは、受精卵が細胞分裂を繰り返して大きくなっていく個体の成長過程でも確認できます。ほとんどの動物は、まず内部が空洞のゴムボール状（胞胚《ほうはい》といいます）になります。次に一カ所が内側に凹むようにして腸の原型（原腸《げんちょう》と呼びます）が形成されていきます。つまり、**真っ先に作られる器官が腸なのです**。それから細胞分裂が繰り返され、やがてこの原腸からさまざまな臓器が形成されていきます。何よりも重要と思われている脳もそのひとつですが、作られるのは腸よりずっと後です。

もうひとつ、脳よりも腸が生物の根元的な器官であると感じさせる例を挙げましょう。大ケガや脳疾患《しっかん》の影響で、不幸にして大脳の機能を失ってしまうケースがあります。意識がなくても、胃に直接栄養分を送り込めば、消化・吸収・排泄《はいせつ》を行い、生き続けることができるため「植物状態」と呼ばれますが、ごく稀《まれ》に、長い昏睡《こんすい》状態の後に脳の機能が回復して意識が戻ったり、運動機能を取り戻すケースがあることが知られています。つまり、**腸が働いている限り、生命を維持することができる**というわけです。

腸とはなんなのか――そうです、決して消化のためだけの器官ではありません。その正体は、人体の最も重要な中心部だといってもよいでしょう。

■太りやすい、太りにくい体質を決める腸内細菌

太りやすい体質、太りにくい体質というのがあります。この個人差を決める要素のひとつに、「腸内細菌の種類の違いがある」ことが最近の研究でわかってきました。

一般的には、摂取カロリーと消費カロリーのバランスによって、ヤセるか太るかが決まると言われます。運動で燃焼させるカロリー以上に食べ過ぎてしまえば太る――それが常識でした。その理論に基づき、食事制限によって摂取カロリーを抑え、有酸素運動によってカロリーを燃焼させて、ヤセようと必死に苦労している人も多いことでしょう。

大まかに言えばその通りなのですが、同じものを食べて、同じ運動をしても、太りやすい人と太りにくい人がいることにもお気づきでしょう。

その説明として、筋肉質の人は代謝が活発になるため太りにくく、筋肉が少ない人は太りやすいと言われます。それもまた、大まかにはその通りなのですが、同じ筋肉量の人でもやはり、**太りにくい、太りやすいの個人差があることがわかっています**。

脂肪細胞は、飢餓状態に備えて、エネルギーを脂肪としてため込む性質を持っていま

す。摂取した過剰な脂肪を際限なくため込んで、どんどん肥大していく――これが肥満のメカニズムです。

太りやすさの個人差の謎を解いたのが、東京農工大学の木村郁夫《いくお》特任准教授でした。腸の中に棲息《せいそく》する細菌のうちのいくつかは、食べ物を分解して「短鎖《たんさ》脂肪酸」という物質を作ります。短鎖脂肪酸は、血液を通して全身に送られ、やがて脂肪細胞にも届きますが、脂肪細胞はこの短鎖脂肪酸を感知すると驚くべき反応を示します。なんと**細胞内に脂肪を取り込むのを止める**のです。

つまり、短鎖脂肪酸が、「栄養は十分足りているので、もう脂肪として蓄える必要はない」というメッセージを脂肪細胞に伝えるというわけです。

また、短鎖脂肪酸は自律神経にも働きかけ、交感神経を刺激します。すると代謝が活発になり、摂取したエネルギーを消費し始めます。脂肪の取り込みをやめるだけでなく、さらに燃焼を促進するのです。

このように人間は、天然の「肥満防止システム」というべき働きを備えています。そのキーになるのが、腸内細菌によって作られる短鎖脂肪酸だったのです。

■あなたの腸内フローラを健全に

この短鎖脂肪酸を作る腸内細菌の働きこそ個人差の秘密だったのです。**特に腸内環境が悪くなると、短鎖脂肪酸の生産量がガクッと減ってしまいます。**そのため、肥満細胞の暴走が止められず、エネルギーの消費も活発にならず、太りやすくなるのです。

ここで腸内環境について説明しておきましょう。人間の腸内には100兆個、重さにして1〜1・5kgもの細菌が棲息しています。さまざまな性質の細菌が寄り集まって、ひとつの生態系を作っているといってもいいでしょう。顕微鏡で見ると、お花畑（フローラ）のようなことから**「腸内フローラ」**とも呼ばれます。

腸内細菌の分類に関して、「善玉菌が2割、悪玉菌が1割、日和見菌《ひよりみ》が7割」ということを聞いたことがあるかもしれませんね。ただし、これはわかりやすく単純化するための表現です。悪玉菌というのがいつでも誰にとっても「悪玉」で、善玉菌というのがいつでも誰にとっても「善玉」であるとは言えないからです。

その働きについては、まだまだ不明なことも多いのですが、いくつか大切なことがわかっています。まず、腸内フローラが生態系として健全であるためには、**多様性を維持する必要がある**ということ。健康であるためには、より多くの種類の細菌が活発である必要があるわけです。それぞれの菌には、好きな食べ物と嫌いな食べ物があるので、特定の菌だけが活発にならないよう、宿主《しゅくしゅ》である人間は偏食をしないように心がける必要があるでしょう。

もうひとつは、善玉菌の大好物が、食物繊維・発酵食品・オリゴ糖だということ。野菜や果物、ヨーグルト、納豆、漬け物、味噌、ハチミツなどが代表的ですね。これらを摂取すれば、**短鎖脂肪酸が多く作られるようになっていきます**。

「野菜を中心とした食事をすればヤセる」ということは、別に最新の研究の成果を聞かなくても、皆さんご存じのことでしょう。

しかし、あなたの腸内に広がる細菌フローラの中で、肥満防止に役立つ物質をせっせと作ってくれている細菌がいて、その菌が喜ぶような大好物を差し入れていると思えば、なんとなく気分が違うのではないでしょうか。今までと少し違う感覚で、もっと野菜を食べたいと感じる人も出てくることでしょう。

■肌をキレイにする腸内細菌もある

太りやすい腸内フローラと、太りにくい腸内フローラがあるように、**肌がきれいになる腸内フローラとそうでない腸内フローラがあることもわかりました。**

肌をきれいにする物質は「エクオール」といいます。大豆に含まれるイソフラボンという成分を、ある種の腸内細菌がエクオールに変換してくれるのです。

エクオールにはさまざまな効果があることがわかっていて、まずは先ほどから触れている「美肌効果」がまずひとつ。目尻のシワの進行を抑える効果が立証されています。

そのほかには女性の更年期障害の症状を抑える効果、さらには男性の前立腺がんや女性の乳がんを抑制する効果も期待され、現在、急ピッチで研究が進められています。

そうしたアンチエイジング効果を期待できるエクオールですが、実は誰しもが皆、腸内で作れるわけではありません。日本人の場合はふたりにひとり――半分の人しかエクオールを作れないことがわかっています。自分が作れるかどうか、専門の機関に頼むと尿検査で調べることができます。

ちなみに、欧米ではおよそ4人にひとりしか腸内で作られません。また、日本でも若い世代になるほどエクオールを作れる人の割合が減っているという報告があります。食生活の変化にともない、おそらく日本人の腸内フローラも変わっているのでしょう。

では、エクオールを作る腸内細菌を持っていない人は、残念ながらこれらの恩恵をまったく受けられないのでしょうか。

実は、それほど悲観することはありません。なぜなら、**イソフラボンにも同様の効果があるから**です。

エクオールを作れる人も作れない人も、大豆を食べることによって、その効果を期待できます（ただし、その効果はエクオールにはかないませんが）。

また、エクオールのサプリメントも開発されていますので、外部から摂取することも可能になりました。効果は腸内で作られるものとほぼ同じです。

現在、エクオールを作ることができる腸内細菌を、なんとか腸に棲《す》みつかせようという研究も進められています。美容、健康、またがん予防にも効果が期待されるなど有望な細菌ですので、将来的には誰もが手軽に腸内で増やせる日が来るかもしれませんね。

■腸内環境を乱すボトルネック

冒頭で触れた腸の重要性について、もう少し付け加えていきましょう。実は、腸は「ヤセる」ことだけにとどまらず、さまざまな悩みを解決してくれます。

漠然と「さまざまな悩み」などと書きましたが、悩みの本質とは、「物事が思うように流れない、進まない」という〝詰まった状態〟にあるのではないでしょうか。まずは、この「詰まり」について考えてみましょう。

首が、細い瓶のイメージに近いことから、中身がつかえてなかなか出てこない状態を**「ボトルネック」**といいます。ワインの瓶を傾けて注ごうとすると、ボトルネック、つまり細くなった瓶の首の部分が流れをせき止めて、少しずつしか注ぐことができません。その様子から、流れを止めて、障害になっているものごとをボトルネック、あるいは単にネックと呼ぶのです。

物事が思う通りに進まず、その解決方法が見つからなかったり、あるいは解決方法があっても実現できなかったりすると、悩みはどんどん深くなっていきます。

仕事の悩みも、分析してみれば、どこかにあるボトルネックが原因です。特に現在のような情報化社会では、コミュニケーション不足から来る情報の流れの詰まりが、ビジネスにおいては致命的になるかもしれません。

事故や悪天候でモノの流れが悪くなれば、計画通りに商品を納品できません。お金の流れが詰まれば経営破綻につながります。将棋でも「詰み」とは負けのことです。

人間の体内にも、「流れ」を生み出している重要な臓器がいくつかあります。さて、皆さんは何を思い浮かべるでしょうか。

まずは心臓。心臓は全身に血液を送るポンプの役目を担っています。まさに「血流」という流れを作っています。

それから脳。人間が知覚した情報は、神経細胞を電気信号として脳に送られます。そして集積された情報から判断をして、次々と行動の指令を発していきます。脳が情報の流れを作っていると言えるでしょう。

しかし私は、**人体で最も大切な流れを作っているのは「腸」であると断言します**。どのような生物でも、栄養分を体に取り込んで、それをエネルギーに変えることで生命を維持しています。心臓というポンプが動いているのも、脳というコンピュータが働いているのも、すべてのエネルギーは腸が吸収している栄養分から成り立っています。

腸から吸収される栄養分は、人間の活動のエネルギー源となるだけでなく、人体を形成するすべてのパーツの原材料にもなります。生活すること、生きていくことを「食べていく」と表現しますが、まさにその通りなのです。

また、腸は食べ物を肛門側へと押し進めるために、縮んだり伸びたりを繰り返します（これを**「蠕動《ぜんどう》運動」**といいます）。食べ物をゆっくり進めながら、栄養分を吸収していくのですが、この流れこそ、生命にとっての最も重要な流れです。

ですから、ひとたび腸の流れにボトルネックができれば、たちまち人体には「エネルギー問題」「原材料不足」「品質劣化」が発生してしまいます。これらが体すべての悩みの原因となって人々に襲いかかっていくのです。

腸のボトルネックは、腸内細菌たちのエサ不足、すなわち深刻な「環境破壊」を引き起こします。すると、短鎖脂肪酸の生産が少なくなり、脂肪細胞が脂肪をため込みます。こうして「太る」という悩みが生まれてしまうのです。「逆もまた真なり」という言葉通り、実は心身に悩みが発生すると、それが腸にボトルネックを作り出すこともあります。そのメカニズムについては、後に詳しく説明しましょう。

また、腸は「右から左へと受け流す」働きもしています。どういうことかというと、腸は中を通過するものをしっかり見張っていて、**人体にとって有害なもの、無用なものは吸収せずスルー**します。例えば、毒性が強いと判断すれば、体内の水分を使って強制的に押し流してしまいます。これが「下痢」です。

それから、腸から体内に入り込もうとする病原菌やウイルスは、**腸の周辺で待機している免疫細胞が撃退してくれます**。腸が作り出す流れは、目の前にあるものを、栄養か毒か外敵かを判断し、必要な対処をしながら、少しずつ先へ先へと進めていきます。この腸の働きこそ、「問題解決」という言葉にふさわしいと私は思っています。

悩みは人それぞれ。健康や美容に関すること、職場や近親の人間関係、仕事や生活の問題、恋愛や結婚、育児や教育、将来への不安……悩みが尽きることはありません。

その悩みを解決するためには、**いい「腸の流れ」を作っていくことが重要**です。まずは、この基本を抑えておいてください。

■腸に優しくすれば自律神経を癒す

腸には「腸管《ちょうかん》神経」という自律神経がはりめぐらされています。腸と自律神経は切っても切れない関係です。最近、自律神経のバランスを崩してしまう人が増えていますので、ここで自律神経についても触れておきましょう。

人間は、寝ている間も心臓が動いていますし、そのほかの内臓も働いています。24時間365日、内臓や血管の働きなど、人間が生きるために絶対に必要な機能をコントロールするシステムが「自律神経」です。自律神経は、人間の意識とは関係なく、自動的に絶妙な調整を行っています。

コントロールの方法は、ふたつのモードの切り替えです。**オンに当たるのが「交感神経」で、オフに当たるのが「副交感神経」です。**

交感神経は、活発な動きが必要な時や緊張している時、そしてストレスがかかっている時のモードです。それに対して副交感神経は、休息している時、リラックスしている時のモードです。

この切り替えは、これまで電気のスイッチをオン・オフするような、あるいはシーソーが上がったり下がったりするようなイメージで説明されることが多くありました。

たしかに、朝から日中にかけては交感神経が優位になり、夕方から夜には副交感神経が優位になる傾向がありますので、スイッチのように切り替えられているようなイメージは否定しません。ところが近年、自律神経の働きを測定機器で測れるようになると、必ずしもそうではないことが明らかになってきました。

測定の結果から、緊張している時でも、リラックスしている時でも、**交感神経と副交感神経の働き方のレベルは、ともに小刻みに変動していることがわかった**のです。

つまり、シーソーのようにあちらへこちらへと切り替わるのではなく、次の4つのパターンのいずれかの状態に入っていることが明らかになりました。

①交感神経・副交感神経どちらも高い
②交感神経が高く、副交感神経が極端に低い
③交感神経が低く、副交感神経が極端に高い
④交感神経・副交感神経どちらも低い

この中で、ハイパフォーマンスが期待できるのは、どの状態だと思いますか？　**正解は、「①交感神経・副交感神経どちらも高い」状態**です。これは、一日の中で時間帯ごとに緊張とリラックスのバランスが取れているというだけではなく、集中している時でも緊張と緩和を小刻みに切り替えながら、冴えた状態を長時間キープできる状態にあるという証。自動車にたとえると、トップスピード、加速力ともに優れた高性能のエンジンがあり、同時に急減速できる高性能のブレーキがあるということです。

このバランスが取れていれば、低速で走行するコーナーと、高速で走り抜ける直線が繰り返すような難しいコースでも、自由自在に走ることができます。①の状態は、これに似ていますね。

しかし、そのような理想的なバランスをキープできている人はそう多くありません。**現代人の大多数は、「②交感神経が高く、副交感神経が極端に低い」状態**だと言われています。「交感神経過《か》緊張型」という言い方もあります。

男性は30代から、女性は40代から副交感神経の働きが急降下しますが、これは仕事や家庭環境から強いストレスを受ける時期に時間差があるからだと考えられます。それがそのまま男女の平均寿命に約10歳の差となって現れているという説もあります。

なお、「③交感神経が低く、副交感神経が極端に高い」状態は、アレルギー性鼻炎や気管支喘息などのアレルギー疾患や、関節リウマチや潰瘍性大腸炎などの自己免疫疾患、そして、うつ病などの精神疾患にかかりやすい状態だと言えます。

そして、「④交感神経・副交感神経どちらも低い」状態では、とても疲れやすく、やる気の出ない状態になりがちです。

今、多くのビジネスパーソンは、短い時間で大きな成果を出すことが求められていますが、そのためには能力を向上させ、集中力と持続力を思い通りに使いこなさなくてはいけません。しかし、それはとても疲れることです。

体力・努力・根性があればなんとかなるという方もいるでしょう。しかし、体力の限界を根性で超えようとしても無理があります。いずれ無理がたたって、心や体が悲鳴を上げることになってしまいがちです。

集中力やヤル気にも自律神経のバランスが深く関係しています。やみくもに根性論に走る前に、まずは自律神経の仕組みを正しく理解し、バランスを整えることが大切です。

さて、理想的な「交感神経・副交感神経どちらも高い」状態は、なんと**近くにいる人にも「伝染」していきます。**

「あの人のおかげで、部署全体の雰囲気が良くなって、人間関係もスムーズになった」リーダーシップのある人、〝インフルエンサー〟と呼ばれる影響力の強い人、あるいは〝癒し系〟と呼ばれる人など、タイプはいろいろですが、皆さんの周囲にも、荒《すさ》んだ雰囲気を和らげ、明るく前向きな空気を作り出す人がいるのではないでしょうか。あるいは、あなた自身がそうかもしれませんね。

そうした人は、まず例外なく自律神経のバランスが上手く取れています。それは、**ボトルネックを作らない生き方**とも言えるでしょう。

ボトルネックがあると、必ずどこかにひずみ（ストレス）が生まれます。人間関係の歪《ゆが》みから、コミュニケーションエラーが発生することが多くなりますし、集中力の欠如からミスも増えてしまいます。

しかし、理想的な自律神経バランスを持った人がひとりいると、人間関係の詰まりをなくし、さらに仕事の流れまでを良くするのです。

■自律神経と腸の本当の関係

「交感神経過緊張型」の傾向が強くなっている現代、どうすれば副交感神経の働きをアップさせ、腸にとって理想的な自律神経バランスにすることができるでしょうか。

ここで着目したいのは、**交感神経優位の時と、副交感神経優位の時とで、臓器の働き方に違いがある**ことです。

例えば、緊張感が高まる……いわゆるストレス反応の時には、交感神経が優位になります。すると心拍数は多くなり、血圧が上がります。これは全身に多くの酸素を送り込み、戦闘態勢を整えているためです。

この時、胃腸の活動は止まります。戦いに備えている状況なので、すべてのエネルギーを戦闘に集中する必要があるからです。食べ物を消化・吸収するには、大きなエネルギーを消費するので、胃腸の消化・吸収活動はストップさせるわけですね。

緊張状態が終わり、リラックスした状態になると、副交感神経優位な状態になります。すると心拍数が少なくなり、血圧が下がり、胃腸は活動を活発化させます。緊張状態の時は、腸は活動せず詰まった状態でしたが、リラックス状態になると、腸は収縮と弛緩を繰り返す蠕動《ぜんどう》運動を再開し、消化・吸収を行うのです。

つまり、腸はストレス状態の時には動きをストップしてしまいます。あまりにも強いストレス状態や、緊張状態が長く続き過ぎると、腸は本来の活動ができず、便秘や下痢などの異常をきたしてしまうのです。

ここで逆転の発想をしましょう。「ストレス→交感神経優位→お腹のトラブル」という連鎖があるということは、**「お腹が快調→副交感神経優位→リラックス」**という逆の連鎖もまた成り立ちます。ですから、腸にとっていいことをすれば、自律神経のバランスを整え、ストレス状態を和らげることができるのです。本書では、**それを「腸活」と呼んでいきます**。腸活の具体的なメソッドは第2章以降で紹介していきますが、ここでは腸活で意識すべきポイントとして、腸が持っているふたつのパワーをお伝えしようと思います。

まずは、ボトルネックを解決する蠕動のパワー。腸の中にある食べ物の口側（胃側）をキュッと縮めて、反対の肛門側を緩めると、内容物が口側から肛門側へと動きます。

これをゆっくりと波動のように伝えることで、食べ物を肛門側へと進めます。こうして腸は地道にボトルネックを解消させているのです。

仕事上でボトルネックが発生した時を思い出してみてください。もつれた問題を解消する最善策は、コツコツと地味な努力を積み重ね、1ミリずつでも物事を前に進めていくことに尽きるのではないでしょうか。それがやがて抜本的な解決策へと繋がっていったりします。腸はそれを知っているかのように、地道な蠕動を繰り返しています。

もうひとつの腸のパワーは、「自然との共生力」です。腸の中では、〝お花畑〟と形容される細菌類の生態系が広がり、人間と共生関係にあります。細菌類という大自然のパワーを私たちは活用しているわけです。

観賞魚を飼育したことがある方なら、魚の棲みやすい水槽には、水質を浄化する細菌（バクテリア）が共存していることをご存じでしょう。腸内もまた同じなのです。脳はそのことをすっかり忘れてなんでも除菌しようとしますが、腸は人類が健康に生きていくためには細菌との共生が欠かせないことを知っています。どんなに文明が進歩しても、人間も動物である限り、自然と共生しなければ生きていけないのです。

■メンタルのトラブルも防ぐ腸の力

現代のビジネスパーソンが抱えるリスクに、うつ病、睡眠障害、パニック障害、強迫性障害（潔癖症）といったメンタルの疾患《しっかん》があります。

そのメカニズムは、今なおわからないことが多いのですが、やはり自律神経のバランスの崩れは大きな原因のひとつと考えられています。ことに、交感神経が優位になり過ぎることによって「セロトニン」の分泌が不足し、それが精神疾患のリスクをアップさせるという説は有力です。

セロトニンとは神経伝達物質のひとつで、「幸せホルモン」という別名でも知られているように、心を安らかにして理性的にする働きがあります。セロトニンが不足すると、キレやすくなることがわかっています。

ひとりの人間には、約10ミリグラムのセロトニンが存在していますが、その約90％が腸に集中し、約8％が血液中にあります。そして、脳の中枢神経にあるのは残りの約2％にすぎませんが、それがメンタルに直接関係していると言われています。

脳にあるセロトニンは脳で作られますが、腸の活動とも密接に関係しています。例えば、セロトニンの材料となるトリプトファンは、腸がタンパク質を分解することで作られます。脳のセロトニンは、それを活用しているわけです。

また、脳でセロトニンを作るためには、腸内細菌の力を借りなくてはなりません。トリプトファンからセロトニンを合成するためには、材料としてさまざまなビタミン類が必要となりますが、それらは腸内細菌が作り出しています。ビタミンは生存していくために不可欠な物質ですが、人間は体内でビタミンを合成できません。共生関係にある腸内細菌が、ビタミンB群やビタミンKなどを合成してくれるのです。

つまり、腸内細菌が活発に活動できるよう腸内環境を整えることでセロトニン不足を防ぐことができ、**メンタルのトラブルの予防にもつながる**ということです。

責任感が強く、完璧主義の人が、精神のバランスを崩しやすい傾向にありますが、それは「脳で考え過ぎている」ということがあるように思えます。

大らかな気持ちで、腸に優しい生き方をするためには、人知れず働いてくれている腸内の雑多な細菌たちに思いを馳せることも必要なのではないでしょうか。

■ビジネスパーソンを悩ませる腸トラブル

最近、「過敏性腸症候群」（ＩＢＳ）に悩むビジネスパーソンが急増しています。これは、ストレスによって引き起こされる便秘や下痢、腹痛などの症状をいいます。

大きく分類すると、①下痢型、②便秘型、③下痢と便秘を交互に繰り返す交替型の３つがあります。「ストレス」「メンタル」「排便トラブル」という共通点はありますが、発症のパターンはそれぞれ微妙に違います。

男性に多いのは下痢型です。大事なプレゼンテーションの前など、プレッシャーを感じるとお腹が下ってしまったり、通勤電車の中で腹痛になって途中下車しトイレに駆け込んだりと、社会生活に支障をきたすレベルになってしまうこともあります。

女性に多い便秘型でも、突然の腹痛に悩まされたり、排便がなく苦しい思いをしたりします。交替型の場合は、プレッシャーを感じると便秘になり、副交感神経が働き出すと下痢になるということを繰り返しますので、非常に苦しい状態が続きます。

いずれのケースでも、もともとのストレスの原因だけでなく、「またお腹が痛くなるかもしれない」という自分の健康状態への心配が重なり、不安が不安を呼ぶ悪循環になってしまいがちで、とても厄介です。過敏性腸症候群は、精神的疾患、例えばうつ病や睡眠障害などの入り口になることもあるため注意が必要です。

昔からストレスによって下痢や便秘が起きやすくなることは知られていましたが、現在では、一方通行のものではないと考えられています。つまり、腸内環境の悪化が先にあり、それが精神に影響を与え、悪循環に入っていくケースもあり得るのです。

カナダ・マックマスター大学のステファン・コリンズ教授が大変興味深い研究発表をしていて、「行動的なマウス」と「臆病なマウス」の腸内細菌をお互いに入れ替えたところ、両者の性格が入れ替わったというのです。

また、オランダの研究グループは、ヒトの場合でも腸内細菌を入れ替えることで、下痢を起こす感染症患者の90%に改善効果が見られたという発表をしています。

こうした実験結果から、メンタルが原因で腸のトラブルが起こっていると、一方的に決めつけられなくなりました。逆に、腸内フローラが人間の精神に影響を与えているという可能性も考慮する必要が出てきたのです。

■腸の活性化によりハイパフォーマンスを！

脳が感じるストレスが腸の不調を招く、という一方通行ではなく、腸のコンディション悪化が原因となり、脳に悪影響を与えることもある――双方向の流れがあるということから、この関連性を「脳腸循環《のうちょうじゅんかん》」と呼ぶようになりました。

では、悪循環を断ち切り、好循環を生み出すためには、どこから手をつければいいのでしょうか。さまざまなアプローチがありますが、私の答えは決まっています。

とにかく、**まずは腸内環境を良くすることから始めましょう**。そして次に、腸内環境が良い状態であり続けられるように、**生活の習慣を「腸を最優先」に考えていきましょう**。それに尽きるといっても過言ではありません。

「人間の考え方、性格はなかなか変えることができない」とよく言います。「三つ子の魂百まで」とも言いますが、たしかに人格の基本的な部分は、幼少の頃に決まってしまうというのはあるようです。

実は、腸内細菌の構成、腸内フローラも、ほぼ生まれてしばらくの間で基本的な部分は決まってしまうと言われています。腸内細菌の種類や構成比は、それ以降、どんな食生活をしようともあまり変化しないことが研究の結果わかってきたからです。

ただし、細菌のシェアが変わらなくても、働き方は変わります。全体の7割を占める日和見菌が、善玉菌につくか、悪玉菌につくかは、生き方次第で変わるのです。ですから、私の「人の性格についての考え方」は、一般的なものとは少し違います。

「性格はなかなか変わらない」のではなく、**「人は腸内環境を変えようとはなかなか思わない」**――そう思っています。

腸内フローラを変えて、善玉菌が威力を発揮できるように変えればいい……結果、心身が健康になり自信が付き、考え方や性格も前向きになっていきます。つまり、性格や行動パターンは腸内フローラによってある程度変えることができるのです。

私は今まで腸にトラブルを抱えた患者さんを多く診てきました。腸のトラブルを改善したことから、生き方が変わった例も数多く見ました。だから自信を持って言えます。

まずは「腸活」から始めましょう。それが、あなたの心身を健康にし、生き方を変えていきます。理想の体形も、仕事でのハイパフォーマンスもきっと実現できるはずです。

■元気な腸は全身を健康にする

腸は、全身にエネルギーの源と体を作る原材料を送る「体の要《かなめ》」とも言える臓器だということはおわかりいただけたことでしょう。

腸が元気になり、動きが活発になれば、体はどんどん元気になっていきます。例えば次のような病気のリスクも減少させるのです。

●不眠

腸が正常に働くと、睡眠を促す「メラトニン」がスムーズに分泌するようになるため、睡眠の質がアップします。また、自律神経のバランスが整うことで、しっかりと休息できるようになります。

●花粉症

腸には、免疫細胞の約6~7割が存在しています。腸内環境が良くなると、免疫システムが正常に働き、自律神経のバランスも改善するため、アレルギー症状も出にくくなります。

●冷え性

便秘になると、便によって腸内の血管が圧迫されて、血流が悪くなります。血流におけるボトルネックは冷え性の主な原因になります。腸の状態が良くなれば血流が好転。その結果、手足の冷えが改善されやすくなります。

●大腸がんリスク

便秘などが原因で腸が炎症を起こすと、がん細胞が作られる可能性が高まります。腸を整えることは、大腸がんのリスクを軽減することにつながります。

●肌荒れ・抜け毛

腸の状態が良好だと、質の良いきれいな血液が全身の細胞に行き渡り、肌トラブルが改善します。顔色はもちろん、シミ、シワ、くすみ、クマも良くなります。また、肌だけでなく、皮膚の一種である頭髪の状態も改善し、抜け毛が減少、ツヤもアップします。

腸が正しく活動していることは、自律神経のバランスが取れていることを意味します。

そうなれば、心と体のボトルネックが徐々に解消されていくことでしょう。

血流の悪さやストレスが原因の症状、例えば頭痛、腰痛、肩凝り、冷え性や、精神的なイライラ、憂鬱、不安定な状態なども改善されていきます。いい方向に回り始めれば、身も心も軽くなり、異常な食欲も抑えられるようになっていきます。

自律神経は、人間が意識しないところで体をコントロールしています。逆に言えば、人間が頭（脳）で考えたり、動いたりすることで、直接的に自律神経の働きをコントロールするのは難しいということです。そうであるならば、腸と自律神経の切っても切れない関係を利用すればいいだけです。

つまり、**腸にいいことを積み重ねれば、意図的に自律神経のバランスを整えていくことが可能だということ**なのです。

では、皆さんが特に気になるダイエットはどうでしょうか？　第2章以降で具体的な「腸活」について提案していきましょう。

第2章　人生を変える「朝だけ腸活ダイエット」

■腸はあなたを裏切らない

この章は、皆さんに〝**腸活ダイエット**〟を体験していただくことを目的とします。そもそも腸活とは、腸を最優先にする生活のことだと思ってください。

就活・婚活・妊活と、人生の節目に行う活動は数々ありますが、私は**この腸活こそが人生を変えるものだと信じています**。なぜなら、第1章でも述べた通り、**人生におけるさまざまな困難の解消方法を腸が知っているから**です。

腸といえば、栄養分を消化・吸収し、便を作る臓器だと考えている人が多いと思います。たしかにその通りですが、しかし、それだけではないと述べてきました。

血液に含まれる成分やホルモン、そして人体を構成するすべての細胞の質と量は、腸の働きによって左右されます。腸が体を作る成分を吸収する臓器だからです。

特に、腸と腸内フローラのコンディションが悪いと、作られる血液はドロドロとした質の悪いものになってしまいます。逆に腸の状態が良好であれば、サラサラとした質の良い血液が全身の細胞に行き渡ります。

その中には、第1章でも紹介した〝天然のヤセ物質〟である短鎖脂肪酸も含まれますが、血液の質というのが非常に重要なのです。

また、血行が良くなることによって代謝が上昇し、体にたくさんのメリットをもたらします。特に体重の増減にすぐに反映します。まず、エネルギーがきちんと燃焼されるようになり、脂肪が付きにくくなります。そして効率良く燃焼されることで太りにくい体になり、全身がすっきりと軽くなっていくのです。

逆に太れなくて困っている人にとっても、バランスの取れた体づくりが好転しますので、より健康的な体になることが期待できます。

私は日々、便秘外来でも患者さんを診察していますが、腸の活動を改善させることによって自然に3~5キロほど減量できるケースは珍しくありません。

今、あなたはどんな自分へと変わりたいですか?

まずは目指す姿を思い描いてみましょう。そして、理想へと近づいていく過程を、どうぞ楽しんでください。

腸はあなたを裏切りません。

■「朝だけ腸活ダイエット」4ステップを始めよう

さあいよいよ、〝腸活ダイエット〟のスタートです。朝に4つのメソッドを実践するだけで、みるみる腸が美しくなり、体形が変わっていきます。**まずは2週間続けるのが目標です。**2週間後、きっと新しい自分に出会えることでしょう。

●「朝だけ腸活ダイエット」4ステップ

（1）コップ1杯の水を飲む

起床後に採った水分は胃に送られ、胃の重みで腸が刺激されて蠕動運動が活発になります。便が直腸のほうへと送られ、自然と便通がやってきます。

（2）腸に効く朝食を食べる

朝食が体内時計をリセットします。もちろん、腸内環境を整えることも大きな目的。ヨーグルトの乳酸菌プラス大根おろしの食物繊維で、腸内環境を最高の状態に導きましょう。ハチミツをかけて食べると、効果はさらにアップします。

（3）アマニ油を大さじ1杯飲む

便秘解消には、適度な油分の摂取が不可欠。便の滑りを良くする「潤滑油」の役割を果たし、スルッと出しやすい状態にしてくれます。なお、アマニ油大さじ1杯は、「オリーブオイル大さじ2杯」で代用しても構いません。

（4）腸活ストレッチ

すっきり快便を実現するには、腸の蠕動運動を促すストレッチや、便がたまりやすいポイントを刺激するマッサージが効果的です。

4つの腸活メソッドは、どれもすぐできる簡単なものばかりですが、完璧に行おうと意気込む必要はまったくありません。むしろ、そのプレッシャーがストレスの元になってしまうので、腸にとっては逆効果になりかねません。軽い気持ちでやってみるのがポイント。まずは、やりやすいものをひとつ試すことから始めても構いません。それだけでも、2週間でその効果を実感できることでしょう。

腸が変われば、身も心も美しく健康に変わっていきます。

■なぜ〝腸活〟は「朝だけ」でいいのか？

腸活ダイエットのスタートとして、「朝だけ」の4つのメソッドにした理由は、**朝型の規則正しい生活こそ、美腸への第一歩だから**です。

腸内環境を改善するコツは、自律神経のバランスを整えることであり、そもそも腸の働きは自律神経がコントロールしています。自律神経のバランスが乱れてしまうと、腸の働きが悪くなり、便秘などさまざまなトラブルを引き起こします。

スイッチ・オンの交感神経と、スイッチ・オフの副交感神経は、一日の中でリズムを持って動いています。夜遅くまで起きていたり、朝になってもダラダラと過ごしていたりすると、切り替えが上手く行われず、バランスを崩す原因に……。朝型の規則正しい生活が腸活を行う上での大前提となります。

もうひとつのポイントは、「体内時計のリセット」です。人間の体には時間の流れを管理して、新陳代謝やホルモン分泌などを行う体内時計の機能が備わっています。この機能がしっかり働かないと、自律神経の働きにも乱れが生じてしまいます。それが腸の動きを停滞させる原因になってしまうのです。

体内時計を正確に作動させるコツは、朝の習慣に凝縮されています。やらなくてはならないことは極めてシンプル。**ひとつは朝日を浴びること。そしてもうひとつは、朝食を摂ること**。たったこれだけです。

体内時計を管理しているのは、細胞ひとつひとつに組み込まれている「時計遺伝子」というものです。ところがこの時計は24時間ピッタリではなく、微妙にズレています。そこで、朝日を浴びること、そして朝食を摂ることでそのズレを調整できるのです。

体内時計が正しくなると、夜は腸を動かす副交感神経がしっかり働いてくれるため、消化活動も活発になります。そうすると、睡眠中に便が作られるため、翌朝、自然な便意が訪れるのです。もちろん、睡眠の質も向上するなど、すべてが好循環し始めます。

このように、朝をどのように過ごすかが腸の健康を手に入れるポイントなのです。腸活ダイエット４つのメソッドについて、次のページから詳しく紹介していきますので、心身の健康を「正のスパイラル」に乗せて、コンディション作りに役立ててください。一生モノの健康な腸を手に入れて、太らないに体質に変えていきましょう。

■STEP（1）　コップ1杯の水を飲む

目覚めたらまずコップ1杯の水を飲みましょう。眠っていたあなたの腸を起こしてくれます。腸は、睡眠中に消化・吸収を終えて、朝になる頃はあまり動いていません。朝に水を飲むことがきっかけとなって、腸が目覚めるわけです。

といっても、直接腸に水分を届けて起こすわけではありません。胃に水の重さが加わると、胃袋が下がって、その下にある大腸の上部を刺激します。すると蠕動運動が活発になり、スムーズな排便へとつながっていくのです。

ポイントは一気に飲むこと！

勢いよく飲んだほうが、腸への刺激が起こりやすくなります。一気飲みできるのであれば、温かくても冷たくてもOK。ただし、体を冷やしたくない方は、常温の水や白湯《さゆ》などがいいでしょう。

腸に届けば、便を柔らかくしてくれる効果もあるので、便秘の原因のひとつである水分不足をフォローできるという利点もあります。

腸は、小腸、大腸を合わせると7メートル以上もあります。蠕動運動が弱くなると、食べ物の進み方が遅くなり、その間に腸壁が水分を吸収して便がカチカチになってしまいます。水分が不足した便は、排出が難しくなるため便秘がちになってしまうのです。ですから、朝だけでなく毎食前には1杯の水を飲んでおくのがおすすめです。

腸にとって蠕動運動が活発であることはとても重要です。腸が動かなくなると、腸内の流れが止まってしまうからです。いわゆる「宿便《しゅくべん》」がたまってしまい、便の腐敗が進みます。そんな状態になってしまうと、**腸内の日和見菌たちが悪玉菌に加勢し、腸内環境は悪化の一途をたどっていきます**。

便秘になるとお腹が張り、苦しくなりますよね。中には、重い便秘に悩み、下剤などを利用している人もいるかもしれません。しかし、薬を使って便を排出するのはできるだけ避けたいところです。なぜなら、薬で強制的に腸を刺激して動かせると、強制しないと腸が「動かなくてもいい」と怠けるようになってしまうことがあるからです。

下剤に頼らない腸を作るには、自然な蠕動運動を起こす必要があります。まずは、薬を飲まない日を増やしていくことを心がけましょう。

■STEP（2）　腸に効く朝食を食べる

朝食には時計遺伝子をリセットするだけではなく、自律神経のスイッチを押すという役割もあります。食事を摂ることで、副交感神経優位な状態である「お休みモード」から、朝の「活動モード」へと切り替えましょう。また、自律神経の切り替えが的確になると、腸の蠕動運動が活発になり、自然に排便が促されます。

「朝食を抜くと昼食後の血糖上昇を招く」という研究発表もあります。健康に貢献することが証明されていますので、朝食はぜひ摂るようにしてください。

もし朝食の習慣がなければ、最初は無理をせず、習慣作りから始めましょう。まずはバナナ1本でもＯＫ。慣れてくれれば、もっと食べたいと思うようになります。

ただ、せっかく食べるのであれば、できるだけ美しい腸、美しい腸内フローラ作りに役立つものを選びたいものです。

そこで、私が特におすすめしているのが、**「大根おろし＋ヨーグルト＋ハチミツ」**です。分量の目安は、ヨーグルト２００グラムに大根おろし大さじ２、ハチミツ大さじ２

です。この組み合わせが腸内細菌にとって非常にいいのです。

腸内細菌の数は、分類の仕方にもよりますが、２００種類以上、１００兆個以上とも言われています。その内訳は、おおよそ善玉菌２：悪玉菌１：日和見菌７と述べました。しかし、腸内にボトルネックが発生し、便秘などで腸内腐敗が進むと、日和見菌が悪玉菌の味方につき、腸内環境はどんどん悪化していきます。

健康的な美腸のためには、**最大勢力の日和見菌を味方につけ、腸内を善玉菌優勢にすることが大切**となるのです。

ヨーグルトに含まれる乳酸菌やビフィズス菌には、腸内フローラを整える効果があります。胃を通り抜け、腸にまで達した乳酸菌やビフィズス菌は、腸内にとどまったり、善玉菌たちのエサにもなったりと、便秘や下痢の改善にも効果があります。

また、大根おろしには水溶性食物繊維が多く含まれています。食物繊維は、スムーズな便通のためには欠かせない栄養素。なぜなら、便の形をつくり、便の元となるのは食物繊維だけだからです。

ところで、便は「すべて食べ物の残りカス」と考えている人が多いのではないでしょうか。しかし、実際はそうではありません。実は便の60〜80％が水分で、残りの固形物は、食べ物の残りカスが3分の1、生きている腸内細菌が3分の1、そして腸粘膜からはがれた細胞が3分の1という構成です。

食物繊維には、水に溶けない不溶性と、水に溶ける水溶性の2種類があります。便のもととなるのが不溶性の食物繊維で、それに水分や腸内細菌、はがれた腸粘膜などが吸着することで便はカサを増します。そして、腸を心地良く刺激して、蠕動運動を活発にしていきます。

一方、水溶性の食物繊維は、水を含むとゲル状になり、便の水分を増やして軟らかくしてくれます。また、善玉菌のエサとなるため、結果として腸内を整えてくれるという効果もあります。

食物繊維が含まれる食材には、不溶性と水溶性のどちらも含まれていますが、ほとんどは不溶性がメインとなっています。そのため、食物繊維を積極的に摂り、便秘改善に励んでいるつもりでも、かえってその症状が悪化してしまうケースがあります。

どういうことかというと、**不溶性の食物繊維ばかりを摂ると、腸内にたまった便の水**

分が失われて硬くなり、排出されにくくなってしまうのです。

便秘がちな人は、できるだけ意識的に水溶性の食物繊維を摂って、便を軟らかくすることが大切でしょう。

こうした体の仕組みから鑑《かんが》みた結果、おすすめの食材が大根おろしなのです。大根おろしは水溶性食物繊維としての働きが大きく、また消化酵素アミラーゼが含まれているため、腸内環境の整備に貢献します。

そしてハチミツ。ハチミツはさまざまなビタミン、ミネラルを含む栄養豊富な食品として知られています。その中でも、オリゴ糖は腸内の善玉菌のエサになることがわかっています。

ハチミツというと、その甘さから「太る食品」だと考えられがちですが、必ずしもそうではありません。ハチミツの糖は、ヨーグルトと大根おろしを組み合わせて摂れば、アミラーゼの働きのおかげもあって脂肪のもとにはなりにくく、腸に運ばれて、善玉菌のエサになってくれるのです。

「ヨーグルトに大根おろしとハチミツ？」と、味が想像できない方もいるかと思いますが、ハチミツも入っていることから、まるでヨーグルトに下ろしたリンゴを加えたような食感で美味しいと評判です。TBS系列の『中居正広の金曜日のスマイルたちへ』という番組で私が〝腸活ダイエット〟を紹介した時には大変な反響がありました。

ただ、朝は忙しいので、毎日同じメニューになって飽きてしまう方も出てくるかもしれません。美腸のためには、メニューにバリエーションがあったほうが楽しいことはいうまでもないでしょう。その場合、意識して摂取したいのが**発酵食品と食物繊維**です。

発酵食品の中にはさまざまな細菌が息づいていて、それが腸に届くと腸内フローラにいい影響を与えます。腸内細菌の多くはどんどん増殖して、どんどん便として排出されます。おすすめメニュー以外にも、取り入れたい食材がたくさんあります。ここでいくつか紹介しておきましょう。

●発酵食品

チーズは、加工されたプロセスチーズより、ナチュラルチーズのほうが乳酸菌の働きが大きくなります。同様にバターは、クリームを発酵させた発酵バターのほうが乳酸菌を多く含みます。

納豆に含まれる納豆菌は、善玉菌が優勢な腸内環境を整えてくれます。また大豆は食物繊維としても優れていますし、イソフラボンという美容・健康成分も含んでいます。

味噌は乳酸菌と善玉菌を増やすメラノイジンが含まれているため、大きな整腸効果が期待できます。忙しい朝は、インスタントの味噌汁を1杯飲むだけでも役立ちます。

日本人の腸に相性がいいのは、**漬け物**に含まれる乳酸菌で、胃酸に溶けにくく、腸にまで届きやすいという特徴があります。韓国の代表的な漬け物である**キムチ**は、原料にアミの塩辛など動物性のものも使うため、含まれる乳酸菌も多彩です。

同じく韓国のお酒の**マッコリ**は、乳酸菌が作り出す酸味と炭酸が特徴。食物繊維も豊富に含まれているので、整腸作用の高い飲み物と言えるでしょう。

最近、人気が高まっている**甘酒**も乳酸菌が含まれる発酵食品です。麹菌などの生きた菌が多彩に含まれ、食物繊維もオリゴ糖もしっかり入っているので、腸内フローラを活性化する効果は抜群です。

●水溶性食物繊維

アボカドは、理想的なバランスで食物繊維を含むほか、不飽和脂肪酸も多く含むので、便の潤滑油としても有効です。

ゴボウは、不溶性食物繊維、水溶性食物繊維ともに多く含んでいる優秀な食材です。善玉菌のエサとなるオリゴ糖も含んでいます。

インゲン豆は、豆類の中では食物繊維の含有量が群を抜いています。不溶性食物繊維も多く含んでいるのが特徴です。

オクラのネバネバ成分は、水溶性食物繊維のペクチンです。生より加熱したほうが、ペクチンは吸収しやすくなります。

カロテンを多く含む**ニンジン**は、食物繊維の含有量もサツマイモより上です。栄養満点を丸ごと摂取できるフレッシュジュースにするのがおすすめです。

ナメコも水溶性食物繊維、不溶性食物繊維ともに豊富に含んでいる食材です。また、大麦をローラーで平らにした押し麦は、白米と一緒に炊いて食物繊維を補給できる優れもの。**ソバ**は、主食の中でも食物繊維の含有量ならトップクラスです。

そのほか**リンゴ**、**キウイ**といったフレッシュな果物や、**プルーン**などのドライフルーツもおすすめです。

■STEP（3）　アマニ油を大さじ1杯飲む

「油」と聞くと、ダイエットをする場合に「絶対に悪いもの」と捉えている人が多いことでしょう。しかし、**油は人体にとって非常に重要なもの**です。実は細胞膜、脳や神経、ホルモンなどを作る材料にもなっています。

そして、便秘解消にも適度な油分の摂取は不可欠です。便が腸にたまっていて、出にくくなっていると感じたら、大さじ1杯のアマニ油（または、大さじ2杯のオリーブオイル）を摂りましょう。

オイルが大腸に届くと、それが便を軟らかくする上、腸内で潤滑油となってスルッと出やすい状態にしてくれます。さらにアマニ油やオリーブオイルには、小腸を刺激して排便を促すという働きがあるので、便秘解消に効果絶大です。

飲むタイミングは、ずばり朝食前！　空腹時に摂ったほうがより効果的に腸まで届いてくれます。カロリーが気になるからといって少量しか摂らないと、そのすべてが胃に吸収されてしまって腸まで届かないので注意してください。

アマニ油はそのまま摂るのがベストですが、油を飲むことに抵抗感がある方は、**朝食時にサラダやヨーグルトにかけたりして取り入れる**方法でも大丈夫。便がオイルでコーティングされて滑りが良くなるので、排便時の痛みも和らぎます。

もちろん、油ならなんでもいいというわけではありません。油にも積極的に摂るべき油と、そうでない油があります。避けるべき油は、「トランス脂肪酸」と呼ばれるもの。代表的なものにマーガリンやショートニングがあり、ファストフードやスナック菓子に多く含まれていることが知られています。

ぜひとも摂りたい油は「オメガ3脂肪酸」と「オメガ9脂肪酸」です。オメガ3脂肪酸は、青魚などに多く含まれる成分で、欠乏すると学習機能に障害が出たり、視力が低下したりします。ご紹介したアマニ油もオメガ3脂肪酸で、香り・食感ともにサッパリしています。「健康オイル」とも言われ、脂肪分の燃焼を促進する効果もあります。このオメガ3脂肪酸は体内では作り出せないため、食品から摂る必要があります。代用としては、比較的入手しやすいオリーブオイルでもOK。オリーブオイルに含まれるオメガ9脂肪酸も体にいいオイルです。

■STEP（4）　腸活ストレッチ

ここまでの3つのステップは体の中に取り込むもの、つまり体の〝内側から〟のアプローチで腸に刺激を与えるものでした。

最後にご紹介するステップは体の **〝外側から〟の刺激で腸を活性化するエクササイズ** です。この内と外、二段構えの刺激によって、腸のボトルネックが解消して、便をグングン肛門へと運んでくれます。

今回紹介するエクササイズは、自律神経のバランスを整えるエクササイズと、腸に刺激を与えて、蠕動運動を促すエクササイズがメインです。

これらの運動はいつ行っても腸の機能を高める効果がありますが、**排泄の時間帯である「朝」に行うとより効果的です。**

なぜなら、眠っていた腸を目覚めさせることで、気持ちの良い便通を促すことができるからです。時間がないようであれば、以下の中から好きなストレッチを選んで組み合わせ、1日3分程度でもかまいません。

とにかく、まずは2週間、毎日続けてみてください。腸は刺激を与えることですぐに反応するので、その効果は絶大ですよ。

☆〈ケース1〉朝起きたらそのままベッドの上で

起床直後の新習慣。簡単なエクササイズで腸を起こしましょう。

①全身伸ばし

仰向けで寝たまま、両腕を上に伸ばし、頭上で両手を拝むように合わせて、息を吸いながら全身をグーッと伸ばします。

手を合わせるのがつらい場合は手首をクロスさせて、手の甲を合わせてもOKです。ひじ、背筋、ひざ、足首までピンと伸ばしましょう。

両脇をじっくり伸ばすことで、適度な刺激が腸に加わるだけでなく、起き抜けに自律神経のバランスを整える作用があります。

②逆さ自転車漕ぎ

仰向け状態から下半身を上方に上げ、腰から背中のあたりを両手でしっかり支えて、ひじに重心を置いて両足を空中に高く持ち上げます。

足を高く引き上げたまま、自転車のペダルを踏むように、片足ずつゆっくりと大きく回転させましょう。30秒くらいが目標です。

腸にググッと刺激が来て、腸の蠕動運動を促し、やがて快適な便通がやってきます。

☆〈ケース2〉毎日5分のトイレタイムに

今日はお通じの調子が悪いな……と感じた時、焦っていきむのはNG。そんな時は、座ったまま簡単エクササイズをして、あとひと押しを促しましょう。

ポイントは、腸と肛門括約筋に刺激を与えること。たまり気味だった便がスッと押し出されますよ。

ただし、出なくても焦ったりイライラするのは厳禁。自律神経の乱れにつながってしまいます。あくまでもリラックスを心がけましょう。

▼▶朝起きたら、
そのままベッドの上で行って下さい

①全身伸ばし

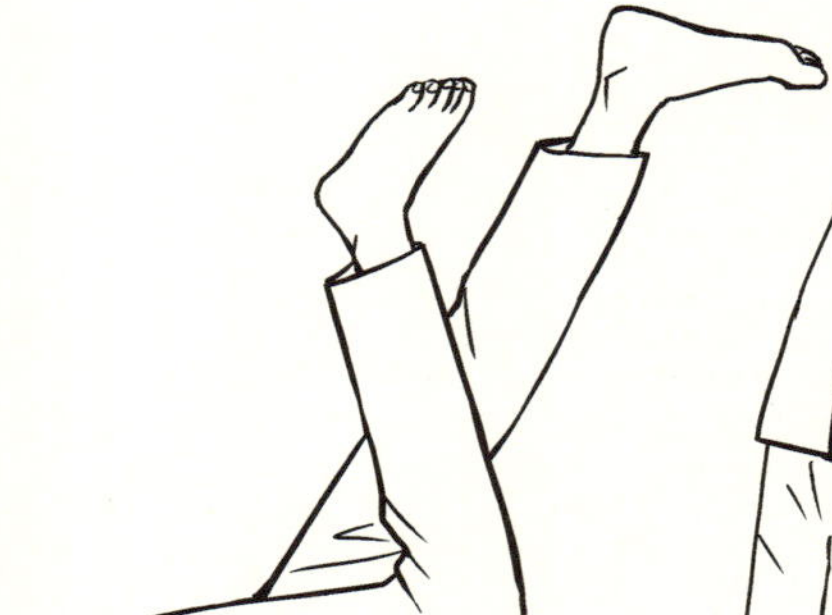

②逆さ自転車漕ぎ

③足首交互タッチ

便座に浅めに腰掛け、足は肩幅に、両腕を横に開きます。体を右にひねるようにして、左手で右足外側のくるぶしにタッチします。この時、反対の右手は頭上に高く引き上げましょう。その姿勢のまま10秒キープします。

次は反対です。体を大きく左にひねって、右手で左足の外側のくるぶしをタッチ。そのまま10秒キープします。ひねりの刺激によって、詰まっていた便が下りてきます。左右10回が目標です。

④お尻スライド

お尻を後ろに突き出すようにして、便座に深く座ります。便座を手で押さえて体を安定させます。

次に、両手で便座を持ちながら、腰を前に突き出すようにして、お尻を浮かせて前にスライドします。そのまま5～10秒キープ。これを10回繰り返します。

直腸の位置を前後に動かすことで、腸の蠕動を促し、直腸に詰まった便を下ろす運動

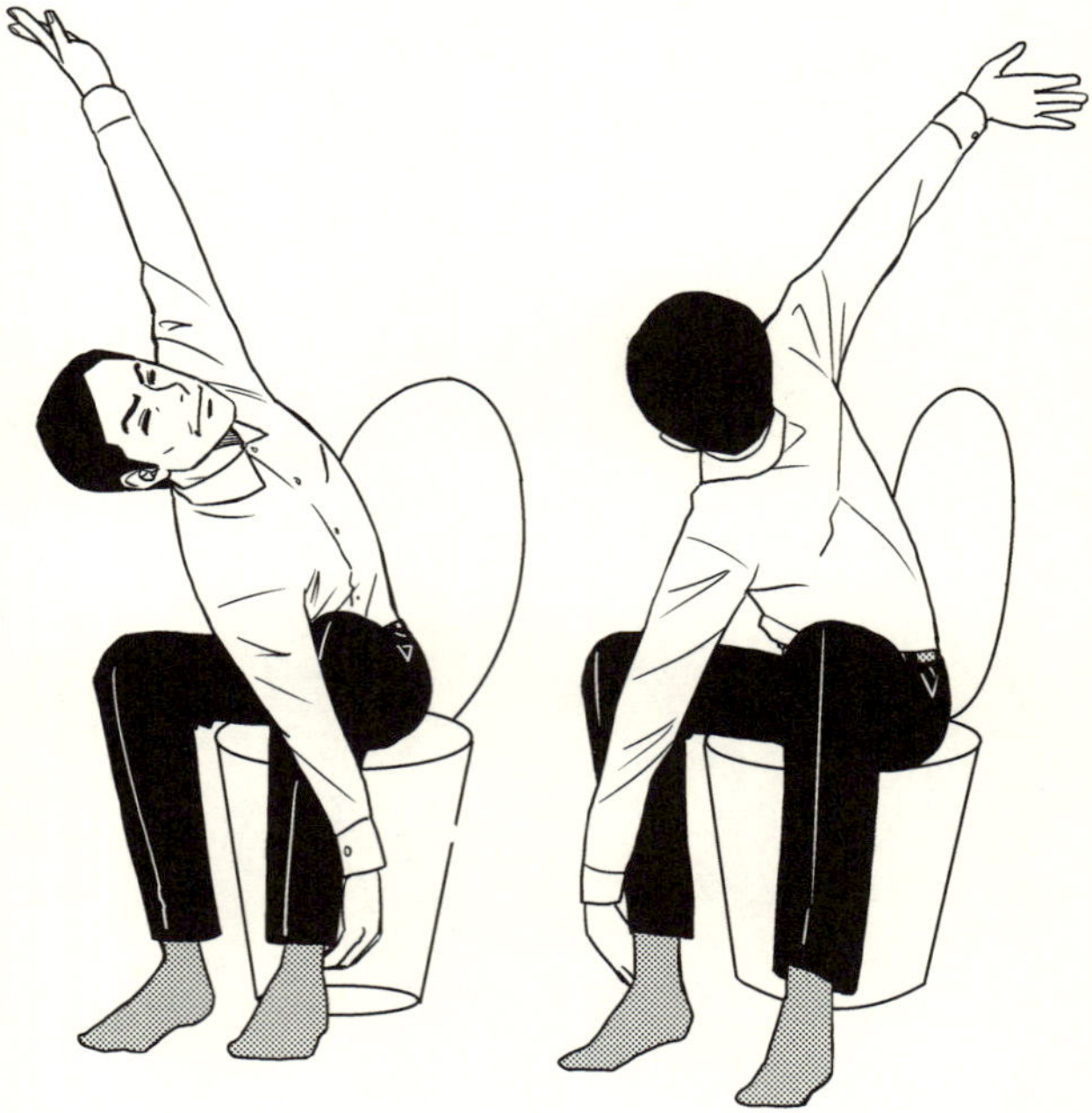

▲グッとひねれば腸へダイレクトに効きます

③足首交互タッチ

▲シーソーのように体を前後に動かしましょう

④お尻スライド

です。「あと少しで出そう」という時に効果的です。

それでもダメな時は潔くあきらめて、トイレから出ましょう。焦る必要はありません し、くれぐれも無理は禁物です。

☆〈ケース3〉ちょっとしたスキマ時間に

便の詰まりやすい大腸の曲がり角をギュッと外から掴んで動かし、刺激を与える体操です。便秘解消はもちろん、自律神経が整うので、心も体も軽やかになります。ちょっとした待ち時間などを利用してやってみましょう。

⑤腰まわし

背筋を伸ばして両足を肩幅に開いて立ちます。左手で肋骨の下、右手で腰骨の上を力強く掴みます。その状態で肛門を締めながら、腰を右回りに大きく8回まわします。左まわりも同じように8回まわしましょう。

一日に何度行ってもＯＫですので、空いた時間を見つけてぜひ実践してください。

▲便の詰まりやすい箇所をギュッと掴みましょう

⑤腰まわし

■がんばらないのが腸活の基本！

ここまで〝朝だけ腸活ダイエット〟4つのステップを紹介してきました。いかがでしたか？　いずれも難しいものはありませんので、明日の朝からすぐに実践できるものばかりではないでしょうか。

よし、やってみよう！　腸活をがんばろう！　そんな気持ちになった方も多いと思いますが、ここはその気持ちをぐっと抑えて、**どうかがんばらないでください。**

ひとつひとつが簡単そうだからといって、「すべてきっちりやらなくては！」と、義務化するのは腸にとって良いことではありません。

なぜかというと、「心に決めたことをキッチリやり抜かなくては」だとか、「自分で決めたルールだから厳格に守らなくては」と思うことそれ自体、ストレスや緊張につながってしまうからです。

「やらなくては」という気持ちでは自律神経を緊張させてしまいますし、腸にとっては負担になってしまいます。

腸と自律神経は切っても切れない関係ですから、そのストレスを腸は敏感に感じ取ってしまいます。ストレス下では蠕動運動を支配する「副交感神経」が弱まるため、腸の収縮が低下して、結果として便が滞る原因になってしまうのです。

時には朝寝坊をしてしまい、実践する時間がなかった——そんな日があったとしても、全然ＯＫです！　そんな時はコップ1杯の水を飲むだけでも大丈夫。**自分を責める必要なんてまったくありません**。「また明日実践しよう！」と気持ちを切り替えればいいだけです。忙しい日は、通勤途中に駅近のカフェのモーニングでヨーグルトを食べたり、コンビニで野菜スムージーを飲んだりしてもいいんです。

大丈夫、大丈夫。1日、2日できなくたって、その後ゆっくりフォローしていけば、必ず巻き返しできますから。

便秘の人の多くは、真面目で、我慢強くて、がんばり屋さん。その性格ゆえにストレスを感じ、腸に負担をかけてしまっているのです。どうか無理せず、自分のペースで心地良くできることから取り組みましょう。何より自分のペースで続けていけるように。どうぞ、がんばらないでください。

■気持ちのいい朝を作る夜の過ごし方

朝だけの腸活ダイエット4ステップに少し慣れてきたら、夜の過ごし方にも少し関心を向けてみましょう。最も大事なのは朝ですが、朝を迎えるためには夜も大切です。

究極のコツは〝何もしないこと〟。「なーんだ」という声が聞こえてきそうですが、これがなかなか難しいのです。

狙いは、リラックスに徹することで、腸の動きを司る「副交感神経」にスイッチを入れ、睡眠中の消化活動をアップさせること。それによって、上質の癒し時間を送ってほしいのです。

では、そのヒントをいくつか紹介しましょう。

①ぬるめのお湯に15分つかる

寝る前に38～40度のお湯に15分ほどつかりましょう。すると、血流が良くなって緊張がほぐれ、体がリラックスモードに入っていきます。リラックスモードに入れば、睡眠の質が上がり、就寝中の腸の活動も活発になります。

熱めのお湯での入浴やシャワーは、交感神経を高めてしまうので、夜は避けたほうがいいでしょう。

②「四・八呼吸」でリラックス

4つ数えながら鼻から息を吸い、倍の8秒をかけて口から息を吐きます。

ポイントはひとつだけ。どうやればより効果的かなど、余計なことを一切考えないこと。単純に、「4つ数えながら鼻から息を吸い、倍の8秒かけて口から息を吐く」――それだけを心がけましょう。

この呼吸法を10回程度繰り返すだけで、副交感神経の働きが高まり、心身ともにリラックスモードに入ります。腸の蠕動運動が促されるのが実感できることでしょう。

③寝る前30分間はボーッとする

寝る直前までテレビを見る、パソコンやスマホを触る……多くの人がそのような夜の過ごし方をしているのではないでしょうか。これは本当に良くない習慣です。

強い光が目から入ると、交感神経が急上昇するので、そのまま眠りについても副交感神経が上手く働かず、腸の動きも鈍くなってしまいます。

あなたの好きなリラックス方法はなんですか？　アロマを焚《た》いたり、音楽を聞いたり、落語を聞いたり、穏やかな時間を心がけるのがいいでしょう。

④腸のゴールデンタイムに就寝を！

現代人は、夜に寝る時間も、朝に起きる時間も人によってまちまちですが、自律神経は体内時計の影響も受けています。

腸のゴールデンタイムは「24時」頃。副交感神経は、この時間にピークを迎えるため、必然的に腸の活動も活発になります。ですから、腸の働きを最大限に高めるためには、24時にはすでに眠りについていることが理想なのです。

朝は４ステップで、夜はボーッとするだけ。これだけであなたの体は自然に朝型の生活を取り戻すことでしょう。

■腸活ダイエットQ&A！

いくら「がんばらなくていい」とは言われても、どうせやるからには成果が欲しいのは当然でしょう。「本当にこれでいいの？」という疑問があると思います。ここでは、そんな「よくある疑問」にQ&A方式で答えていきましょう。

☆食欲がない日の朝食
Q　今朝はイマイチ食欲がない。でも、何か食べたほうがいい？
A　胃腸に負担をかけるので、無理に食べるのはNG！

夕食を適量食べてしっかり眠れば、翌朝自然とお腹が空くはず。食欲がないというのは、きちんと消化ができていないということです。

その状態で食べ物を無理に送り込むと、腸内で便が詰まってしまう可能性が。さらに、胃にも負担をかけてしまうので、無理に食べる必要はありません。

ただ、ビジネスパーソンは活動的に、効率良く働かなくてはいけませんから、ある程度の栄養補給は不可欠です。野菜ジュースやグリーンスムージーなどの飲み物で、手軽に栄養を摂るのがいいでしょう。コンビニの野菜スムージーもおすすめです。

☆おすすめのお手軽コンビニ朝食

Q　寝坊した！　コンビニでサッと買える腸にいい朝食は？

A　「シリアルバー」と「飲むヨーグルト」がおすすめ！

オフィスで手軽に食べる――ということであれば、食物繊維が豊富なシリアルバーと、手軽に乳酸菌が摂れる飲むヨーグルトの組み合わせがいいでしょう。

最近は、グラノーラ1食分がカップ容器に入った商品も発売されていますね。容器に、牛乳または豆乳、ヨーグルトを入れてそのまま食べられるので、お皿を用意したり、洗う手間が省けます。ビジネスパーソンにはこちらもおすすめ。

☆冬の朝も冷たいヨーグルト？

Q　寒い季節の朝。ヨーグルトを食べると体が冷えそうだけど……

A　交感神経が優位な朝だから、あまり気にしなくても大丈夫！

朝は、活動モードの交感神経が優位になる時間帯。交感神経は心臓を活発に動かし体温を上げる働きがあるため、冷たい食べ物を食べても、それを察知して体を温めてくれるので、あまり気にしなくて大丈夫です。

ただし、夜は注意が必要。冷えたものを食べ過ぎると交感神経が活発になってしまい、睡眠の導入を妨げる原因にもなります。

夜に何かを食べるのであれば、体を冷やさないように、電子レンジで温めて食べるのがおすすめです。

☆便秘じゃない人にとって腸活ダイエットの効果は？

Q　私は便秘症じゃないのですが、「腸活ダイエット」は効果がありますか？

A　腸トラブルを抱えていなくても体重は落ちます！

快便の人が必ずしも腸内環境が良好と決まっているわけではありません。便秘に悩んでいない人でも「腸活」に取り組んだ結果、栄養素が全身の細胞により効率良く運ばれるようになるのです。代謝もこれまで以上に高まるので、十分なダイエット効果が期待できることでしょう。

また、自分では便秘症ではないと思っていても、調べてみると腸内に宿便がどっさりたまっているというケースがよくあります。毎日出ていてもコロコロとした便しか出ていなければ、それは便秘の可能性が大。同じように、毎朝きちんと便通があっても、軟便気味だったり、水っぽい便が続くという人も、腸内が悪玉菌優勢になっている可能性が高いでしょう。

このように腸内環境の善し悪しは、便通があるかどうかだけでは一概に判断できません。ですから、便通事情に関係なく、日頃から腸を整える生活（＝腸活）をしておくことが大切です。結果、自然と体重が落ちていき、ヤセ体質を手に入れられますよ。

☆過敏性腸症候群にも腸活は有効？

Q　すぐに下痢をしてしまう「過敏性腸症候群」にも効果ある？

A　腸内細菌のバランスを整えることで症状は改善します！

ストレスや緊張を感じると、急にお腹が痛くなって下痢になる、あるいは便秘と下痢を繰り返す——このような症状が思い当たる方は、自律神経のバランスが乱れることによって引き起こされる「過敏性腸症候群」の可能性があります。

過度なストレスなど、原因は複数考えられますが、腸内細菌のバランスを整え、善玉菌が働きやすくする環境を作ることで、その症状は徐々に改善します。

ただし「過敏性腸症候群」の方は、過度に不溶性食物繊維を摂ると消化ができず、腸に負担をかけてしまう場合もあります。

摂り過ぎに注意が必要な食材は、サツマイモ、サトイモ、レタス、キクラゲなどです。

水溶性食物繊維（57ページ）を意識して摂るようにしましょう。

☆朝だけではなくてランチも夕食もがんばりたい！

Q　がんばって、すべての食事に気を配ったほうが効果が高いですよね？

A　がんばらないようにしましょう！

せっかく腸活をやるのだからがんばりたい――その気持ちはとてもよくわかります。でも、とにかくがんばらないようにしましょう。

毎回、食事の内容に気を配ると、それ自体がストレスになり、腸の働きを鈍らせてしまいます。朝、朝食などで腸の機能を高めている分、お昼はほどほどにこってりしたメニューや脂身の少ないお肉料理など、好きな食事を楽しんでOKです。

少し意識するとしたら、食事の内容より、よく噛んで食べること。忙しいお昼時は、よく噛まずに食べてしまいがちなもの。

早食いをすると、午後にお腹が張ったり、肥満につながったりするので、よく噛んで食べることを意識してくださいね。

☆深夜の食事はどうする

Ｑ　仕事で終電になる日もたびたび。夜遅くの食事には何がおすすめですか？

Ａ　ヘルシーなスープごはんが◎！

油をたっぷり使った料理や脂身の多い肉料理は、消化に時間がかかり、腸に負担をかけるのでなるべく避けましょう。

おすすめは、味噌汁や野菜スープなどの消化が良いもの。体を温め、スムーズな睡眠を促してくれますし、満足感もあります。

「どうしても物足りない！」「炭水化物を摂りたい！」と思う場合は、麦ごはんを半膳食べたり、うどんを半玉分入れたり、お豆腐を入れてカサ増ししたりと、ひと工夫をするといいでしょう。

いずれにしても「時間外」で消化・吸収活動をやらなければならない腸への負担をできるだけ増やさないように、〝腹六分目〟を心がけてください。

■「がんばらない」お助けアイテム①「朝だけ腸活」編

健康ブームのおかげで、巷《ちまた》には「健康関連商品」が満ちあふれています。中には、「腸活」の役に立つ優れたものもあります。

この本では「がんばらない」ことを提案していますので、そういった「腸活」のお助けアイテムを活用してもらうのも重要なことだと考えます。

ただし、巷の商品のすべてがいいかと言われれば、それには疑問符がついてしまいます。あまりにも商品が多過ぎて、何を買えばいいのか迷ってしまい、結局どれを選べばいいのかわからないということもあるでしょう。

ここでは、腸の専門医である私と、パートナーの小林メディカルクリニック東京・小林暁子《あきこ》院長が、実際に日々愛用している腸活にいいアイテムだけを厳選して紹介しておきましょう。〝朝だけ腸活ダイエット〟にそのまま取り入れられるものから、家庭やオフィスで楽しめるハーブティーやスイーツなど、あなたの日々の生活にすぐ取り入れられる腸活アイテムばかりですよ。

なお、宣伝目的ではなく、言ってみれば私が勝手に推薦しているだけなので、連絡先や希望小売価格などの情報は入れておりません。商品名だけ明記しておきますので、関心を持ったらインターネットなどでお調べいただけたらと思います。

☆朝1杯のミネラルウォーター
『FIJI Water』（インターパイロン）

ミネラルは骨や歯、血液など、体を作るための材料となり、生きるために必要不可欠な栄養素です。それなのに、私たち現代人は圧倒的にその摂取量が不足しています。放置しておくと全身のさまざまな不調を引き起こしたり、腸の老化を招くなど腸内にも悪影響を及ぼすので要注意です。

ミネラルは人体では作れない栄養素なので、食事での摂取が重要です。サプリメントなどもありますが、ミネラルウォーターでも補うことができます。

私が毎日、飲んでいるのは、美容・健康ミネラルと言われる「シリカ」が多く含まれる『ＦＩＪＩ Ｗａｔｅｒ』です。

日本人の口にも合う軟水で、口当たりが良くまろやか。私自身、朝、目覚めてすぐにコップ1杯分飲んでいるのですが、体の中にスーッと染み渡っていきます。まさに、起きがけの腸が喜ぶまろやかな味です。

水分を十分に摂らないと便秘の原因にもなるので、こうした良質なミネラルを含むお水を積極的に摂っていただけたらと思います。

☆腸活のベース、ヨーグルト

『明治ブルガリアヨーグルト　LB81プレーン』（明治）

ヨーグルトに含まれる乳酸菌は、腸内の善玉菌を増やして、腸内環境を整えてくれる細菌の一種です。

たくさんの種類が存在するヨーグルトですが、腸管に効く乳酸菌として注目されているのが、明治ブルガリアヨーグルトに含まれる「ＬＢ81菌」です。

LB81菌は腸の上皮《じょうひ》細胞に働きかけて、便秘やストレスなどによってダメージを受けたバリア層の機能を高めると考えられています。

明治のLB81プレーンは腸内環境を整えてくれる優秀なヨーグルトです。腸が正常に働くことで、栄養の消化・吸収が効率よく行われるため、全身の健康状態も良くなります。その効果を十分に得るためには、1日100~200gを目安に、毎日食べることが大切。そのまま食べても美味しいですが、ビフィズス菌のエサになるオリゴ糖が含まれるハチミツをかけたり、キウイなどの水溶性の食物繊維が豊富な果物やシリアルを混ぜて食べれば、組み合わせとしてもベスト！

☆品質にこだわりたいオリーブオイル

『エミール ノエル オーガニック エキストラヴァージンオリーブオイル』(MIE PROJECT)

朝だけ腸活ダイエットでは、オイルを摂ることが重要な役割を果たしています。推奨しているオイルは、アマニ油かオリーブオイルです。

ただ、アマニ油は価格が高いので、毎日摂取することを考えたらオリーブオイルがいいという方もいることでしょう。しかし、オリーブオイルは需要が大きく、商品も数限りなくあるため、何を選べばいいのか悩むかもしれませんね。

私のおすすめはこちらのオリーブオイルです。決して安価なオイルではありませんが、まろやかでえぐみが少ないので、ほかのオリーブオイルに比べると、比較的、生で摂りやすいと思います。

またエミール　ノエルのオイルは品質の高さも魅力的。厳選された有機オリーブから熱を加えず、溶剤も使わずにゆっくりと丁寧に絞り出しているため、栄養分や風味を壊さず、ありのままのオリーブの味を楽しめることでしょう。

オイルには便をスルッと出しやすい状態にするという働きがありますが、その恩恵を最大限受けるには、やはり加熱調理せず、シンプルに生野菜に和えたり、風味づけとして使用するのが理想です。

バゲットにつけたり、納豆やヨーグルトにかけても美味しいですよ。便秘症で悩んでいる方は、ぜひお試しください。

■「がんばらない」お助けアイテム②「食物繊維」編

腸をスッキリ掃除してくれて、便の元にもなる食物繊維は、腸活ダイエットの中でも重要な役割を担っています。

最近のプレバイオティクス（人の健康の増進維持に役立つ食品成分）理論では、腸内フローラのエサとしても食物繊維の重要性がクローズアップされています。

☆不溶性食物繊維

『オールブラン　ブランフレーク　プレーン』（日本ケロッグ）

ブラン（ふすま）を主原料に、香ばしく焼き上げた『オールブラン　ブランフレーク』は、ほどよい甘さで食べやすく、シリアル初心者にもおすすめの商品です。

自然由来の食物繊維で、お腹の調子を整えて便通を改善します。サクサクとした食感で、食べ応えも抜群！　ブラン（ふすま）とは小麦の外皮部分のことで、小麦の中でも最も食物繊維量が高いと言われています。

お腹の中で水分を吸収して大きく膨らみ、腸壁を刺激する不溶性食物繊維を多く含んでいるため、蠕動運動を促す働きもあります。シリアルには牛乳が定番ですが、我が家ではヘルシーな豆乳を愛用しています。

また、ヨーグルトと食物繊維は「美腸のゴールデンコンビ」だと言えるでしょう。一緒に摂ることで、腸内環境の改善により高い効果を発揮してくれます。さらにハチミツをかけて食べれば言うことなし！　ハチミツにはビフィズス菌の栄養となるオリゴ糖が豊富です。朝からすっきり快便を体験したい人はぜひお試しを。

☆納豆
『枝まめ納豆』（山ノ下納豆製造所）
納豆には、悪玉菌の繁殖を抑制する納豆菌（ナットウキナーゼ）や、大豆オリゴ糖など、便通改善に役立つ成分が豊富に含まれています。中でも特筆すべきは、食物繊維のバランスでしょう。食物繊維には、毒素を吸着し、便のカサを増して腸を掃除する「不溶性」と、善玉菌のエサになる「水溶性」の2種類があります。納豆はそのバランスが2：1と、まさに理想的！　また1パックで一日に必要な食物繊維の7分の1が摂れるのも魅力でしょう。

納豆はたくさんの商品が販売されていますが、我が家では、枝豆特有の香ばしい香りと甘みを味わえる『枝まめ納豆』を冷蔵庫に常備しています。通常の納豆に比べて臭いが少ないので、納豆があまり得意でない方にもおすすめ。ごはんにかけて食べてもいいですし、豆腐の上に乗せてお酒のおつまみとして食べても美味しいですよ。

☆主食

『はくばくもち麦ごはん』（はくばく）

もち麦は穀類の中でも食物繊維の含有率が高く、ヘルシーフードとして注目を集めています。米や小麦に比べて、特に「水溶性」の食物繊維が多く含まれているので、腸活にはぴったりの食品で、善玉菌のエサになり、腸内を活性化させてくれます。さらに、大腸に届くと代謝をアップさせ、脂肪のため込みをストップさせる「短鎖脂肪酸」も生成してくれるので、食べ続けることでダイエット効果の期待も高まります。

『はくばく　もち麦ごはん』は、香り高い味わいで美味。クセが少ないので、玄米などの雑穀《ざっこく》ごはんが苦手な方でも、比較的チャレンジしやすいでしょう。

といだお米に混ぜるだけ、と炊き方も簡単です。いつもの白米に混ぜるだけで腸内が元気になるのですから、やめられません。ごはんの上に納豆をかけていただいたり、もち麦をサッと茹でて、いつものサラダに加えて食べても美味。もちもちプチプチとした食感もクセになりますよ。

☆コンビニスムージー

『ローソン　グリーンスムージー』（ローソン）

1食分の野菜が手軽に摂れる絶品ジュースです。しかも、後味スッキリなので、野菜嫌いの方でもゴクゴク飲めるはずです。

腸の状態を整えるためには、朝の野菜が大切。とはいえ、朝からボウル1杯のサラダを食べるのというのは、現実的になかなか難しいのではないでしょうか。そんな人におすすめしたいのが、ローソンのグリーンスムージー。1本で野菜118グラム（およそ1食分の野菜の目安）が摂れるので、忙しい朝でも手軽に野菜を補えます。

ケールや小松菜などの葉野菜に、キウイやリンゴなどの果物を加えているので、青臭さや苦みがなく、爽やかな味わいは「美味しい」のひとこと。野菜ジュースが苦手な私もゴクゴク飲んでいます。

キウイやリンゴには、便を軟らかくする水溶性の食物繊維がたっぷり含まれているので、便通が良くなるという効果も期待できます。

仕事中ついつい間食をしてしまう……という人には、甘みがあって飲み応えもあるので、おやつ代わりに飲むのもいいのではないでしょうか。

☆グラノーラ

『ネイチャーズ パース ラブ クランチ オーガニック グラノーラ』(MIE PROJECT)

ダイエット中でも、「甘い物を食べたい！」という欲求を完全に断ち切るのは難しいことでしょう。そんな時、我慢せずに食べてもいい甘いものがあると気が楽ですよね。

この商品は、こんがり焼いた有機の押しオート麦と有機チョコレート、有機ココナッツがミックスされたサクサクした食感のグラノーラです。

グラノーラには食物繊維、ミネラルなど美腸を作る栄養素がたっぷり。噛み応えがあるので、満腹感も得られます。有機チョコレートが入っているので、「甘い物を食べたい」という欲もしっかり満たされることでしょう。

そのまま食べても美味しいのですが、牛乳や豆乳、ヨーグルトなどと一緒に食べれば、便のカサ増しにもつながります。

ダイエット中とはいえ、食べたいものを我慢してばかりだと、ストレスがたまる一方です。強いストレスがかかると悪玉菌が増え、腸内環境が悪化してしまうので、適度な息抜きも必要です。ただし！　食べ過ぎは禁物ですよ。

■「がんばらない」お助けアイテム③「リラックスタイム」編

副交感神経を高めるためにも、休憩時間にしっかりと息抜きするのは重要なこと。あくまでもリラックスのための時間ですから、何かを犠牲にした「我慢の時間」にはしたくないものです。

そこで、「コーヒーブレーク」を快適な気分で過ごすことができて、しかも腸活に最適なスイーツと飲み物を紹介していきましょう。

☆乳酸菌入りチョコレート菓子
『スイーツデイズ　乳酸菌ショコラ』（ロッテ）

甘い物が好きな人におすすめしたいのが、「乳酸菌ショコラ」です。このチョコレートの最大の特徴は、乳酸菌が生きたまま腸に届きやすいということ。

メーカーの発表によれば、乳酸菌をチョコで包むことで胃酸などから守り、包まない場合と比較して100倍届きやすいのだとか。

乳酸菌入りなので酸味があるのかと思いきや、ノーマルなミルクチョコレートの味で、お菓子として普通に美味しいですよ。

また個包装で、常温保存が可能ですので、バッグに入れて持ち歩くことも、オフィスのデスクに忍ばせておくこともできます。

時間や場所を気にせず食べられるので、乳酸菌摂取のシーンがグンと広がるというのはとてもいいと思います。

ダイエット中に甘いお菓子を食べると罪悪感を覚えてしまいますが、乳酸菌を摂れると思えば、ストレスなく食べられます。実は私もハマっていたりします（笑）。

☆オーガニック　豆乳飲料

『プロヴァメル オーガニック 豆乳飲料』（MIE PROJECT）

豆乳は、そのまま飲むのはもちろんのこと、豆乳鍋にしたり、グラノーラにかけたりと、いろいろと工夫をしながら、積極的に摂るようにしたいものです。

私の最近のお気に入りは、プロヴァメルのオーガニック豆乳。ナチュラルな有機大豆を使用していて、もちろん添加物もフリー。安全安心の豆乳です。

シンプルなノンフレーバータイプのほかに、バニラ、チョコ、ストロベリー、バナナなど、フレーバーの種類も豊富で飽きが来ません。飲み応えがあり、ほんのり甘さも味わえるので、忙しいビジネスパーソンも、オフィスに常備しておやつ代わりに飲んでみてはいかがでしょうか。

豆乳といえば、イソフラボンによる老化防止や美肌効果などが有名ですが、実は整腸効果も高いことが知られています。大豆に含まれるオリゴ糖は、腸内の善玉菌のエサにもなるので、腸内環境を整え、便秘予防にも非常に効果的です。

また、動物性食品に比べてカロリーが低く、基礎代謝を活発にする機能があるため、高いダイエットの効果も期待できます。

ほっとひと息つくスキマ時間も、こうしたスイーツや飲み物を積極的に摂取することで、腸活にプラスに使うことができます。

■「がんばらない」お助けアイテム④「サプリメント」編

今や、すっかり生活の中に溶け込んだ感のあるサプリメント。ビタミン、ミネラルといった、食事だけではなかなか摂れない基本的な栄養素を補ったり、特殊な機能を持った成分を含んでおり、さまざまなサプリメントが市場に出回っています。

それだけに選択には注意が必要です。医師の目からしっかり選んだおすすめのサプリメントを紹介していきましょう。

☆食物繊維サプリメント

『ファイバープロ』（ドクターズデザインカンパニー）

気軽に食物繊維を補えるサプリメントで、原料は天然のグアー豆です。水溶性の食物繊維を多く含んでおり、ビフィズス菌の増殖能力が、人工のものと比較して3～4倍違うと言われています。

このグアー豆は、腸内を弱酸性に保ち、善玉菌が発育しやすい環境にしてくれるため、便秘だけではなく、下痢の改善にも効果を発揮してくれます。

また、大腸に届くと、代謝をアップさせ、脂肪のため込みを止める「短鎖脂肪酸」を生成する量がほかの食物繊維に比べて多いという特質があります。このため、ダイエット効果が高いのも魅力的です。

仕事によっては、どうしても外食が続いてしまうということもあるでしょう。そうなると、野菜が摂りにくくなり、食物繊維が不足しがちです。そんな時、コーヒーやジュース、スープ、お水などに入れて、気軽に食物繊維を補えるファイバープロはとても心強い存在。私も便秘外来の治療に使用しており、多くの患者さんの頑固な便秘をすっきり改善してくれています。

そういう私も長期愛飲者のひとりですが、おかげで体調も絶好調です。

☆生菌配合サプリメント

『BIBIO 生菌配合乳酸菌』（ドクターズデザインカンパニー）

生きている「乳酸菌」「酪酸菌《らくさん》」「ナットウ菌」を配合したサプリメントですが、この3つの善玉菌はそれぞれ腸内で違った働きをします。例えば乳酸菌は、酪酸菌と共生することにより活発に増殖して、腸内の有害菌を抑えこみます。

そして、酪酸菌は代謝を活発にして脂肪のため込みを防ぎ、さらに腸粘膜の健康に大切な短鎖脂肪酸を作ってくれます。

ナットウ菌には、ビフィズス菌などの有益菌を増やす働きがあります。

これら3つの善玉菌が助け合って活動することで腸内を整え、便秘・軟便・腹部膨満感を改善します。

また、〝美肌の菌〟と呼ばれる「H61菌」という乳酸菌を配合しているため、お肌がツルツルになるのもうれしいポイント。美肌マスターの小林暁子院長によると、毛穴の引き締め、ハリアップに効果が期待できるそうです。

ナットウ菌が豊富に含まれているので、疲れやすい、体のだるさを感じやすいという人の体調管理にも効果を発揮してくれることでしょう。

第3章　出してヤセる「便活ダイエット」

■まずは腸活と便のおさらいから

この章では、常日頃から私が便秘外来でお伝えしていることをまとめていきます。**「読む便秘外来」といってもいいでしょう。**健やかな便通が実現すれば、おのずとダイエットは成功します。さらに宿便がきれいになって、下腹が凹み、体重で数キロ減、ウエストも驚くほど細くなります。

まず、便秘を改善するポイントは、排便にどのような問題があるか、なぜ排便トラブルになるかなど、まずは自分のタイプを知ること。それによって対処方法が変わってくるからです。では、腸活と便について大切なことを確認していきます。第1章、第2章と重複する部分もありますが、とても重要なことなのでおさらいしておきましょう。

☆便秘が治ればヤセる

Q　便秘外来の治療を受けると、なぜ多くの患者さんが3〜5キロ、ヤセるの？

A　腸内環境が良くなる生活を実践しているからです！

食べ物から得た栄養は腸で吸収され、血液として全身の細胞に送られていきます。しかし、便秘の人の腸内は汚れていますから、腸で作られた血液もドロッとしていて、質の悪い血液になってしまいます。

そんな血液では細胞も嫌がって取り込まないため、血流が悪くなります。それだけではなく、栄養が届かず危機を感じた細胞が、脂肪をため込むようになってしまいます。それが、皮下脂肪、内臓脂肪となってしまうのです。

つまり、便秘になると、粗悪なエネルギー源、粗悪な細胞の原材料を全身に送っていることになり、結果的に燃費が悪くなり、代謝機能が低下してしまいます。

便秘外来の治療を行うと、まずは腸内の老廃物（宿便）が排泄されて体重が減り、ウエストが締まります。

そして、腸内環境の改善により結果的に代謝が上がり、自然とヤセる体質になっていきます。

「便と脂肪をため込まない腸作り」

これこそ、最強のダイエット法なのです。

☆吸収が悪い腸と吸収のいい腸

Q　腸が〝栄養を吸収しにくい状態〟のほうがヤセるのでは？

A　いいえ、腸の中が汚れていると栄養が細胞へ回りません！

腸が栄養を吸収しなければ、細胞は効率良く働くことができないため、体内でのエネルギー活動が低下してしまいます。例えるなら、原材料はたくさんあるのに、燃料がなくて製造が進まない工場のようなもの。使われない原材料はどんどんとストックされる＝太ってしまうのです。

「脂肪を燃焼する」という表現をよく使いますが、その燃焼力を上げたいなら、燃料である良質な栄養は不可欠となります。

燃焼系成分というとカプサイシンなどを思い浮かべるかもしれませんが、実はビタミン、ミネラルなどの基礎栄養素のほうが細胞の活動を高め、体の燃焼力をアップしてくれます。こうした腸内環境には、腸内に棲息する細菌、腸内フローラの働きも重要となってきます。

☆そもそも便秘の定義とは

Q　私は便秘？　それとも便秘じゃない？　「便秘の定義」を教えて！

A　一般的に「3日間便が出ない、毎日出てもピンポン玉ほどの大きさ」ですが……

どこからが便秘でどこまでは便秘ではないと、一概に線引きはできません。一般に便秘の定義は、「3日間便が出ない、毎日出てもピンポン玉くらいの大きさ（35ｇ）」とされていますが、これもあくまでも目安のひとつです。

もし週に2～3回しか出なくても、不快感などがなければ便秘とは言えません。毎日出ていないと便秘だと思う人がとても多く、便秘外来を訪れる患者さんにもそのような「思い込み」をしている方が多くいます。そのため、「毎日排便しなければいけない」と思うことがストレスとなり、実際に便秘になってしまう――などというケースもあるほどです。

私は、一般的な「便秘の定義」や、排便のペースや便の大きさよりも、自覚症状を中心に便秘かどうかを判断するほうが現実的だと思います。

例えば、次のような自覚症状を判断の目安とします。
・腹部にハリや違和感がある
・食欲が落ちることがある
・排便に違和感や不安を覚える

この3つの中のどれかひとつでも当てはまる人は、便秘の可能性があると言えるでしょう。

また、過剰に下剤を使ったり、浣腸をして強制的な排便を繰り返していると、腸や肛門が本来の機能を失ってしまったり、腸の粘膜が炎症を起こしてしまうことがあります。その結果、腸内環境が悪くなり、慢性的な便秘になってしまうこともあるのです。薬に頼ってでも、ただ出せばいいというわけではありません。

強制的に行う排便の回数が自分ひとりでは減らせないようであれば、迷わず医師に相談してください。

☆理想的な便とは

Q　腸内環境バツグンの便って、どんな状態？　その量は？
A　黄～茶色のバナナ状で、ほど良い軟らかさ。毎日＝「優」、3日＝「可」

一般的に、便の量は一日150～200グラム程度で、テニスボールより少し大きいぐらいです。色は黄～茶色、形はバナナ状で軟らかいのが理想です。

排便のペースは、毎日に越したことはありませんが、2～3日に一回でも排便後に自分がスッキリしたと感じれば、便秘ではないでしょう。残便感が残るほうが問題です。

食べ物が腸に入ると、蠕動運動が自然に始まります。食べる量が少ないと、腸はそれに気づかず活動しません。そのため、朝食を食べない人も便秘になりやすくなります。胃腸で消化されない食物繊維は水を吸って膨らみ、便のカサを増やして蠕動運動を促します。野菜不足の食生活を送っていると、食物繊維が不足して腸を刺激することができません。食物繊維には、腸内にいる善玉菌のエサとなってその活動を応援したり、腸壁についた老廃物をかき出したりする働きもあります。

■「便秘になりやすい人」3つのパターン

男女問わず、非常に多くの人が悩まされている便秘ですが、そのパターンは大きく3つに分けることができます。便秘症の人は、自分がどれに当てはまるのか（複数の場合もあります）確かめてみましょう。

●パターン（1）　腸の蠕動運動に問題がある人

小腸、大腸を合わせると5～7メートルもある腸は、中に入ってきた物を移動させるために伸び縮みを繰り返します。この動きを「蠕動運動」というと述べました。

蠕動運動が低下すると、食べた物は腸内を進めず、そのために水分が必要以上に吸収されてしまいます。結果として便が硬くなり、便秘がちになってしまうのです。

さらに、食べた物が腸内に長く滞留することで異常発酵（腐敗）を起こし、腸内環境の悪化も招きます。

では、なぜ、蠕動運動が低下するのでしょうか？ 後で詳しく説明しますが、大きな原因としては〝腸内環境の悪さ〟や〝自律神経のバランスの悪さ〟が挙げられます。

また、糖尿病、パーキンソン病、甲状腺機能の低下、抗《こう》うつ剤の服用により、腸の蠕動不全が起こり、便秘になる場合もあります。

●パターン（2） 肛門括約筋《かつやくきん》に問題がある人

肛門は、「肛門括約筋」という筋肉が開閉しています。どのような構造で、どのように働いているのか丁寧に説明していきましょう。

肛門を、常にある一定の力で締めつけているのが「内肛門括約筋」です。自律神経によって動かされる筋肉であり、自分の意識で締めたり緩めたりすることはできません。

内肛門括約筋を取り囲むように外側にあるのが「外肛門括約筋」です。排便の時、自分の意思で締めたり、緩めたりしています。

大腸から直腸に便が下りてくると直腸が拡張し、内肛門括約筋が自然と開きます。ただし、外肛門括約筋は自分の意思で締めることができますので、便が外に漏れ出てしまうことはまずありません。

そして、内と外の筋肉が押し合い、脳にサインが送られることで便意を感じ、外肛門括約筋を自分の意思で緩めて排便を行います。

本来、直腸に便がたまると脳から「排便せよ！」という指令が出されますが、腸や肛門括約筋に問題があると、その指令が出ず、どんどん直腸に便がたまってしまうのです。

腸や肛門括約筋の反応が低下する原因のひとつは、便がたまった状態が続いてしまったため、直腸が〝伸びきった風船〟のように膨らんでしまうことにあります。そうなると、便がたまっているのに、気づけなくなってしまうのです。

もうひとつは、加齢によってセンサーの機能が低下してしまうケース。ふたつの原因が重なっていることも珍しくありません。

また、出産や加齢により、腹筋や肛門括約筋の筋力が低下してしまう場合もあります。痔の場合は、痛みが恐怖となり、センサーが正しく働かなくなることもあります。

☆パターン（3） 自律神経が安定していない人

自律神経とは、呼吸したり、血液を循環させたりといった生きるために必要なことを行っているライフラインの神経だと説明しました。

興奮モードの交感神経と、リラックスモードの副交感神経の切り替えによってバランスを取っていることは、前の章でも説明した通りです。

腸の蠕動運動は、副交感神経が優勢になっているリラックスモードの時に活発になります。ですから、本来リラックスすべき時にリラックスできなくなると便秘をしやすくなってしまうのです。

例えば、旅行に行くと便秘になってしまう、あるいは自宅以外のトイレでは排便できないという人も多いのではないでしょうか。それは、環境の変化に体が対応できず、緊張状態になって交感神経が上昇し、副交感神経が低下するために起こっているわけです。

こうした例からわかるように、自律神経は腸にそれだけ大きな影響を与えている存在なのです。

■自律神経のバランス問診票

ここであなたの自律神経のバランスをチェックしてみましょう。10個の質問をしますので、①〜④の選択肢からひとつを選んで答えてみてください。

【1】眠りに関して

①横になったら、だいたいすぐに眠れる
②夜ちゃんと眠っても、昼間もぼんやりと眠い
③なかなか寝つけない
④寝つきが悪く、寝ても途中で目が覚める

【2】仕事や勉強、家事などに対して

①やりがいを感じ、それを結果に結びつけられると感じている
②億劫になって眠くなったり、なかなかやる気がしない
③できなかった時のことを考えると不安なので、集中して取り組む

④やれないことに対して不安を覚えながらも、体がついていかない

【3】食欲に関して

①時間が来るとお腹が減り、おいしく食べられる
②すぐにお腹が減って、お腹が鳴る
③仕事などに集中していると、お腹が空かない
④食べたくない、もしくはお腹が空いていないのに、食べるのをやめられない

【4】食後に関して

①胃もたれなどはほとんどしない
②食べてもすぐにお腹が減る
③食後に胃がもたれることが多い
④食事の前後に胃が痛くなることが多い

【5】何か解決しなければいけないことがある時

①すぐにどうすればいいのか考えがまとまり、行動できる
②いつの間にかほかのことを考えてしまうなど、考えがまとまらない

③息をつめて考え込んだり、考え過ぎて不安になる
④考えようとしても集中できず、やる気も起こらない

【6】日頃の疲労度に関して

①それなりに疲れるが、眠ればリセットできる
②すぐに眠くはなるが、昼間もややだるい
③疲れは抜けにくいが、仕事になるとがんばれる
④何をするにも億劫なほど、常に疲れを感じる

【7】メンタルについて

①仕事中は気が張っているが、家に帰れば切り替えられる
②特にストレスは感じないが、ぼーっとしていることが多い
③1日を通して心がほぐれない
④強い不安感や恐怖感があったり、逆に考えるのが嫌で眠りたくなる

【8】手足の冷えに関して

①年間を通して特に冷えは感じない

②冷えは感じないが、逆にぽかぽかして眠くなることが多い
③湯上がりでも少し経つと手足が冷えてしまう
④眠れないほど手足が冷たく、顔色も悪い

【9】体重増加に関して

①長い間、体重は大きく変動していない
②ついつい食べ過ぎて太りやすい
③ストレスがあると体重が増えやすい
④1年で体重が5キロ以上増減した

【10】今の自分に関して

①活気に満ちあふれ、心身ともに幸せだと感じている
②大きなトラブルもなく、どちらかといえば幸せなほうだと思う
③日々刺激を受けることで、充実していると感じる
④漠然と不安を感じる、憂鬱感が抜けない

（診断結果は次のページに）

●診断結果　①AB　②A　③B　④－AB　［合計：A（　）個　B（　）個］

答えは【1】～【10】すべて共通です。たとえば「〔1〕眠りに関して」の選択肢が①なら診断結果は①ABとなります。ABの場合は、AとB両方1点ずつ加点し、－ABの場合は、両方1点ずつ減点してください。Aは副交感神経、Bは交感神経が働いている状態を表しています。ABは両方が高い理想的な状態であり、－ABはどちらも低い状態を示しています。では、当てはまったAとB両方の数を数えてみましょう。

●解説

自律神経のバランスは、現在置かれている環境も影響しますが、多くの場合は生まれ持った性質に大きく左右されます。

もともとのんびりしていて物事に動じない人は副交感神経が高く安定しやすく、心配性で神経質といった人は交感神経が優位になりやすいとされます。

しかし、腸内環境によって変化するという説もあり、改善は可能です。まずは自分の自律神経バランスをしっかり把握しておきましょう。

●A、Bの個数による自律神経バランス診断

【AとBともに8個以上の人】＝交感神経、副交感神経の両方が高い人

……集中すべき時は集中し、家に帰ればすぐにリラックスできる理想的な自律神経バランス状態です。

【Aが7個以下、Bが8個以上の人】＝交感神経が高く、副交感神経が低い人

……副交感神経が低いため、蠕動運動が低下しがち。自律神経が影響している便秘の可能性が高いと思われます。

【Aが8個以上、Bが7個以下の人】＝副交感神経が高く、交感神経が低い人

……7人にひとりいると言われている、のんびりタイプ。ただし交感神経が低すぎても便秘になることがあるので注意が必要です。

【AとBともに7個以下の人】＝交感神経、副交感神経の両方が低い人

……やる気が起きず、慢性的に疲れが抜けない人。消化器系も同じように疲れてしまっています。

■便秘には3つのタイプがある

もうひとつ、問診によってタイプ分け診断をしてみたいと思います。

便秘になりやすい人には3つのパターンがありましたが、便秘のタイプも大きく3つに分けることができます。

それは、**①ストレス型、②腸の蠕動不全型、③直腸・肛門型の3つ**です。

また、それらのうちのふたつ、あるいは3つの複合型もあります。それぞれ、タイプによって、何が原因で腸のトラブルが発生しているのかがわかるはずです。

原因がわかれば、どのように治していけばいいか、また、将来コンディショニングをしていく上で、どんなことに注意していけばいいかがわかることでしょう。

次のページから、問診パート1・問診パート2・問診パート3、それぞれ6個ずつ質問をします。

それぞれ、「はい」または「いいえ」で答えてください。

すべての問診の後、便秘タイプの解説をします。

■便秘タイプ問診票

【問診パート1】

・入浴はシャワーだけで済ませることが多い
［　はい　・　いいえ　］
・平均睡眠時間は6時間以下
［　はい　・　いいえ　］
・排尿を含め、1日トイレに行くのは6回以下
［　はい　・　いいえ　］
・慢性的に肩が凝っている
［　はい　・　いいえ　］
・失敗したことをくよくよしやすい
［　はい　・　いいえ　］
・便秘もするが下痢もしやすい

［　はい　・　いいえ　］

【問診パート2】

・便やオナラが異常に臭い

［　はい　・　いいえ　］

・お腹が減っても鳴ることは少ない

［　はい　・　いいえ　］

・硬い便が出ることが多い

［　はい　・　いいえ　］

・芋類を食べるとお腹が張りやすい

［　はい　・　いいえ　］

・野菜、発酵食品などが不足していると思う

［　はい　・　いいえ　］

・朝食は食べない

［　はい　・　いいえ　］

【問診パート3】

・排便時に肛門に痛みを感じることが多い

［　はい　・　いいえ　］

・痔である

［　はい　・　いいえ　］

・自宅以外での排便を我慢する

［　はい　・　いいえ　］

・排便が週に2回以下

［　はい　・　いいえ　］

・腹筋運動が10回以上できない

［　はい　・　いいえ　］

・排便後も出切っていないように感じる

［　はい　・　いいえ　］

●診断結果　問診パート1～問診パート3の「はい」の数を数えてください。

①ストレス型　【問診パート1の「はい」が多かった人】

ストレスのせいで、蠕動運動を促す副交感神経が低くなっています。心でストレスを感じていなくても、睡眠不足など体のストレスによって起こっている場合もあります。

②腸の蠕動不全型【問診パート2の「はい」が多かった人】

腸内環境が悪い、食物繊維の摂取が少ないなどの原因により、腸の活動が低下しているタイプの便秘です。腸に老廃物がたまると、ますます蠕動運動が低下していきます。

③直腸・肛門型　【問診パート3の「はい」が多かった人】

直腸や肛門に問題があり、便を作ることはできているのに、便がたまっているサインが脳に送られず、排便に至らないタイプの便秘です。筋力の低下も考えられます。

なお、パート1～3、すべて3個以上「はい」がある場合、複合型の可能性があります。また、複数のタイプが重複していることもあります。

■便秘タイプ（1）　ストレス型

ストレスが過剰になると、自律神経のバランスが乱れやすくなります。激務が続く現代人は多くの場合、興奮・戦闘モードである交感神経が高く、リラックスモードの副交感神経が低くなる形で乱れています。

消化管を収縮させ、蠕動運動を起こすのは副交感神経ですから、ストレス下では蠕動運動が弱まり、便秘になってしまいます。

また、最近ではストレスが原因で下痢を起こしてしまう「過敏性腸症候群」が急増しています。交感神経が優位となり便秘になったところで、副交感神経が強く働くと下痢をしてしまいます。そして、それを繰り返すようなことが頻発します。

人によっては下痢だけ、便秘だけの場合もあります。そのような自律神経の誤作動はストレス下で起こりやすく、例えば会社に行きたくないという思いから電車の中でお腹が痛くなり、通勤そのものが恐怖になることも少なくありません。**「几帳面で真面目な人がなりやすい」と言われています。**

■便秘タイプ（2）　腸の蠕動不全型

腸の中に入った食べ物を直腸まで移動させるための蠕動運動が低下しています。やっかいな悪循環に陥ってしまうのがこのタイプの特徴です。

蠕動が弱くなると、便が腸のあちこちに滞留《たいりゅう》していく、いわゆる宿便ができてしまいます。その宿便が道をふさぐようにするので、さらに腸が動きにくくなってしまいます。やがて、滞留した便が異常発酵を起こして、毒素を発生させるようになっていきます。すると、日和見菌が悪玉菌に加勢し、腸内細菌の環境がどんどん悪化していきます。結果、蠕動運動はますます弱くなり、さらに便が出づらくなってしまうのです。

便がたまるとお腹が張り、苦しくなってきますが、そこで下剤などを使って強制的に腸を動かすことを続けていると、腸は「自分が動かなくてもいい」と、さらに怠けるようになってしまいます。

その状態がひどくなると、便がたまっていても、薬なしではまったく動かない腸になってしまいます。**これを〝腸の土管化〟と呼ぶことがあります。**

■便秘タイプ（3） 直腸・肛門型

便がせっかく直腸まで行っているのに排泄できないという、実にもったいないタイプの便秘です。

通常であれば、直腸に便がたまってくると脳にサインが送られ、排便の指示が出されます。しかし、便意を感じても自宅以外では恥ずかしい、忙しいから後でなど、便意を無視し続けていると、だんだん脳との連携が上手くいかなくなってしまいます。

そのため、だんだん排便の指令が出にくくなってしまうというのが、この直腸・肛門型の便秘です。

また、高齢の方などは、腹筋や肛門括約筋の筋力が低下することにより、便を押し出せなくなっている可能性もあります。

排便のセンサーが鈍り、直腸に便がパンパンにたまってしまうと、**通常は10センチほどの幅の直腸が、なんと30センチ以上に巨大化することも！** 特に女性で残便感が強い場合、「直腸瘤《ちょくちょうりゅう》」という病気の可能性もあるので、注意が必要です。

■便秘外来で多い質問ベスト10

外来に来る患者さんからよく聞かれる「先生、これってどうなんですか⁉」という質問をQ&A方式でまとめてみました！　ぜひ参考にしてください。

☆宿便について

Q　宿便って、3キロはあるって本当ですか？

A　はい、本当です！

多くの人は腸内環境が乱れがちですから、死んだ細菌といった老廃物も含めれば、宿便がだいたい3キロぐらいはあります。便秘の人ならそれ以上はあると考えられます。腸内環境が整うと宿便も排泄されていくので、自然と体重も落ちていきます。

☆病院へ行く目安

Q どのくらい便が出なかったら、病院へ行けばいいですか？
A 1週間が目安です！

旅行など便秘の原因がはっきりしている場合は別として、1週間以上便が出ない状態が続くようなら、病院へ行きましょう。腸内で便の腐敗が進み、深刻な状態になると、便やオナラから異常な臭《にお》いがします。さらにその臭いが口臭として表に出て、最後には体臭に。その臭いは強烈なので、すぐに重度の便秘だと判別できます。
また、排便時に痛みや違和感があるという人も専門医に相談してください。

☆**腸内洗浄について**
Q 腸内洗浄って、やってもいいですか？
A 最初の一回ならOKです

腸内の悪玉優勢な細菌バランスをリセットしたり、腸にたまった宿便を出すという点では有効だと思うので、最初の一回は良いと思います。

しかし、継続して行うと、腸内フローラがいつまで経っても整わず、根本から便秘を解決できません。継続する場合は専門医と相談の上、行う必要があります。

☆**硬くてカチコチの便はどうすばいいか**
Q　便が硬くなって出ない時の処置方法は？
A　油と水溶性食物繊維の摂取を！

カチコチに硬くなった便は水を含みにくいので、潤滑油を摂り入れ、便の周りを油分でコーティングし、腸からスルッと動くようにするのが良いでしょう。治療でも使用するのが、アマニ油（またはオリーブオイル）です。家庭で摂り入れるのであれば、一日大さじ2杯が目安。日々の生活から、水分の多い便を作ってくれる水溶性食物繊維を多めに取り入れたり、便を軟らかくしてくれるマグネシウムが豊富なバナナを食べるなどして、便が硬くなってしまわないように気をつけてください。

☆便秘と大腸がんのリスク

Q 便秘がちだと大腸がんになるって、本当？

A 関係がないとは言い切れません

腸内環境が悪いと、腸内で炎症が起きます。腸に限らず炎症を繰り返していると、細胞の生まれ変わりにエラーが起こり、がん細胞が生まれやすくなります。ですから、便秘症と大腸がんがまったく関係がないとは言い切れません。女性が死亡するがんの第1位は大腸がんですから、腸内環境を整え、予防をしていくことが大切です。

☆血便が出たら……

Q 血便が出ました。どんな病気と考えられる？

A とにかくすぐに病院へ！

赤い鮮血であれば、排便により肛門が傷ついて出血している痔の可能性が高いでしょう。もし便自体がタールのように黒い場合には、腸内での出血が疑われ、胃潰瘍、大腸炎、腸ポリープ、もしくは大腸がんという可能性も考えられます。いずれにせよ、自分では判断できませんので、血便が出たらすぐに病院で調べてもらいましょう。

☆下剤か下痢止めか

Q　便秘と下痢を繰り返す場合、下剤と下痢止めではどちらを飲むべきですか？

A　それよりも整腸剤の服用を！

下痢は薬で止めてしまうと、排泄すべきものが腸内にとどまるため良くありません。下痢止めはなるべく使わないようにしましょう。また、便秘を解消させるための下剤も使うべきではありません。便秘と下痢、どちらにも効果がある整腸剤を継続して摂取してください。また、精神的な原因も考えられますから、自律神経のケアも必要です。

☆整腸剤の服用期間について

Q 整腸剤って、毎日飲み続けてもいいですか？
A とてもいいことです！

善玉菌は生命力がそれほど強くありませんから、腸内環境の手助けをする整腸剤を摂り入れるのは、とてもいいことですし、便秘外来でも処方しています。もちろん、ヨーグルトなどの食品から摂取するのもおすすめ。人それぞれで合う整腸剤が違いますので、続けて摂っても「いまいち……」と感じたら別のものを試してみましょう。

☆下剤依存をしないと……

Q 下剤がないと、便が出ません！ どうすればやめられる？
A 整腸剤に切り替えるところから始めましょう！

まずは、下剤を整腸剤に切り替えてみましょう。それで4日経っても便が出なければ、下剤を飲んでも構いません。浣腸も同様で、整腸剤でもダメなら1週間に一回だけは○

Kです。最終的には下剤も浣腸もなしで排便できるようにしたいのですが、いきなり「完全ストップ！」と指示を出してしまうとストレスになってしまうため、心の拠《よ》りどころを一気に奪うような治療は、私は行いません。ただ、下剤などの強制反射では便秘の根本解決にはならないので、量を徐々に減らしていきましょう。

☆**温水便座依存の弊害**
Q　温水便座を使わないと便が出ません。続けていても大丈夫？
A　それでも出るならOKです

温水便座（TOTOの商品名「ウォシュレット」といったほうがわかりやすいですね）を使わないと排便できないのは、直腸・肛門の排便センサーが弱っている証拠です。しかし、便秘より、温水便座を使ってでも出したほうがよほど健康的でしょう。ただ、外出先や旅行先など、温水便座がない場合に困ってしまいますので、後で紹介する肛門括約筋を刺激するトレーニングを行い、自力で出せるようにしておきたいものです。

■全タイプ共通! 腸内環境改善作戦

さて、便秘のタイプも確認できましたので、ここからは便を出す取り組み、「便活」について語っていきましょう。

便秘には、ストレス型、腸の蠕動不全型、直腸・肛門型と3つのタイプがあり、「便活」もタイプによって違ってくるのですが、どのタイプにも共通で効果があります。それは**便活の基礎とも言える「腸内環境の改善」**です。

腸の中には1〜1・5キログラムにも及ぶ腸内細菌が棲息しています。細菌は腸内で繁殖、増殖しますが、寿命は短くどんどん便として排泄されます。

第1章でも解説しましたが、腸内細菌についての研究は急ピッチで進められていて、今後驚くべき研究成果が発表されると予想されています。

しかし、従来からの善玉菌、悪玉菌、日和見菌というわかりやすいモデルで考えていれば問題はありません。

やるべきことは、腸内フローラの多様性を維持するために、発酵食品を多く摂ること。

そして、腸内細菌を活発にするために、食物繊維やオリゴ糖を取り入れること。基本は好き嫌いせず、なんでもよく噛んで食べることです。そして、副交感神経を優位に、自律神経のバランスを整えていくことが重要です。

自律神経には、一日の中で高まったり、低下したりするリズムがあります。興奮モードの交感神経は朝から日中に高まり、リラックスモードの副交感神経は夕方から夜に上がっていくのが基本です。

このリズムを上手く活用することが、副交感神経を高め、自律神経を整える近道だと言えるでしょう。

自律神経が乱れている人の多くは副交感神経が低下気味。ですから、自律神経を整える中でも、副交感神経を高めるよう意識しましょう。

副交感神経が高まれば、蠕動運動が活発になって腸内環境が整い、腸内環境が整うと副交感神経も高まるという好循環が起こり、便秘解消へグッと近づいていきます。

例えば、食事の時は交感神経が上がり、食後は消化のために副交感神経が上がるので、食事は自律神経に作用する大きなアクションになります。

そのため、交感神経が上り切った12時過ぎに昼食を摂り、下がり始める交感神経を上げて集中力が持続するようにするのです。このように自律神経バランスのアップダウンに行動を合わせれば、相乗効果で通常の倍の力を発揮でき、あなたの仕事のパフォーマンスは確実に上がることでしょう。

「体内時計」という言葉がよく使われますが、人間の体には時間の流れを管理して、ホルモン分泌や新陳代謝など、時間ごとにアクションを起こすための機能があります。従来、そのような体内時計は脳の中に存在すると考えられていましたが、最近になり細胞の各所に時計遺伝子というものがあり、時間を管理していることがわかりました。

ただし、時計遺伝子の一日は24時間より少し長い時間と言われており、実際の時間とは微妙にズレています。

また、本来ならば寝ている時間に起きているといった生活習慣が、そのズレをさらに増幅させてしまうこともあるようです。

自律神経の切り替えに時計遺伝子が関わっていますから、時計遺伝子がズレると自律神経も乱れやすくなるのです。

時計遺伝子を正しく作動させるキーワードは「朝」です。朝日を浴びることで脳の中枢にある時計遺伝子がリセットされるのです。

また、朝食を摂ることでも腸の末梢《まっしょう》時計遺伝子が修正されます。つまり〝**朝日を浴びて朝食を摂る**〟――これこそが最も効率よく時計遺伝子の時間をリセットできる方法なのです。「便活」と「腸活ダイエット」の共通点と言えるでしょう。

朝食を摂るよりも寝ていたいという人もいるかもしれませんね。しかし、朝起きて大急ぎで支度をして慌ただしく出ていくといった具合では、副交感神経優位から交感神経優位に上手くシフトできず、午前中の仕事が思うようにはかどらないことでしょう。

こうした朝のストレスは、その日一日の中で、かなり長い時間尾を引くということもわかっています。勤務時間の大部分で効率低下を招いてしまうからです。

このように、体のリズムと生活を近づけていく工夫によって、ＱＯＬ（Quality Of Life：生活の質のこと）は、大きく変わってきます。

まずは、朝の過ごし方から見直して、時計遺伝子を味方につけましょう。

■排便力をアップさせるたった11の「便活ルール」

これから紹介する「便活ルール」では、忙しい毎日の中でも取り入れることができる簡単なアクションを11個紹介しています。効率の良い体で人生の得を増やしましょう。

●ルール（1） 起床後コップ1杯の水を飲む

乾燥してゴワゴワした腸内では、便もスムーズに移動できないので、便秘になりやすくなってしまいます。起床後、コップ1杯の水を飲むとその重みで胃が下がることから腸が刺激されて、蠕動運動が活発になるので、朝のお通じの習慣づけにもなるでしょう。

また、同様に昼や夜も食前に1杯の水を飲んでおくのがおすすめです。

●ルール（2） 朝の光をきちんと浴びる

朝の光は自律神経を上手に切り替えるスイッチです。人間の体内時計は24時間よりも少し長い時間と言われており、実際の時間とはズレています。それをリセットしてくれるのが朝日。朝日を浴びると信号が脳に送られ、自律神経を活動モードである交感神経優位へと切り替えていくのです。

朝起きたら、まずカーテンを開けることを習慣にしましょう。曇りや雨の日でも、窓際なら十分な明るさが得られます。

●ルール（3） バナナ1本でもいいから朝食を摂る

まずは〝何かを食べる〟意識で朝食を習慣づけましょう。時計遺伝子を整えるための朝食であれば、実は何を食べても構いません。バナナなら手軽に食べられますし、脳のエネルギー源である糖分や、便秘解消に欠かせない食物繊維も含まれているのでおすすめです。

とにかく「食べる」ということが大切なので、パウチゼリー飲料などでもＯＫ。まずは朝食を習慣づけるということから始めてください。

●ルール（4） 腸に刺激を与える〝食のリズム〟を守る

食事は一日3回。腸に食物を送り込み、消化活動を一定のリズムで行うことも腸の蠕動運動には大切なことです。

食事は「朝が金、昼は銀、夜は銅」と、私は指導しています。朝、昼はたっぷり食べても構いませんが、夜に食べ過ぎると交感神経がグッと上がってしまいます。本来なら上がるべき副交感神経が上がりにくくなってしまうので、自律神経のスイッチが上手く働かなくなります。「朝が金、昼は銀、夜は銅」、実践してみてください。

●ルール（5）　1対2の呼吸を10回行う

吐くことを意識した深呼吸が副交感神経を高めます。深呼吸は副交感神経を高めてくれる手軽なスイッチです。特に、息を吐くことが良いので、吸う長さの倍の長さで息を吐き出すという「1対2の深呼吸」を心がけてください。

仕事で集中している時など、思わず息を止めていたり、呼吸が浅くなっています。そうなると、全身の血流が悪くなってしまいます。

仕事の合間や、気持ちをリセットしたい時、意識的に息を吐くようにしましょう。

●ルール（6） 就寝3時間前には夕食を済ませる

食事中の交感神経を引きずらないよう、夕食と就寝までの間は3時間空けましょう。食事中は交感神経が高くなり、その後、消化のために副交感神経が高くなっていきます。しかし、食後すぐに寝てしまうと、交感神経が高いまま眠ることになります。すると、副交感神経によって行われる腸での消化・吸収が不十分になり、便秘が起こりやすくなってしまうのです。

ですから、夕食は寝る3時間前までに済ませるのが大事。交感神経から副交感神経へとしっかりシフトチェンジしてから眠りましょう。

●ルール（7） 30分ののんびりウォーキング

夜の「のんびりウォーキング」が、副交感神経を高めるのに効果的。運動は腸にも刺激を与えて、便秘解消を手助けしてくれます。しかし、ジョギングや筋トレのような、息が上がる運動は交感神経を高めてしまうので、夜にはおすすめしません。副交感神経を高めるには、夕食の30分後にのんびりと歩くのが一番。ただ、夜道は危険な場合もあるので、日中階段を使う、電車では立つなどの運動量でもOKです。

●ルール(8) 38~40℃のお湯で半身浴を15分行う

副交感神経を高めるコツは、ぬるめのお湯に15分くらいつかること。深部体温をゆっくり上げることができます。逆に、熱いお湯につかると急激に体温が上がって交感神経が活発になり、体にもリバウンドがきてしまいます。

入浴後はパソコンなどの強い光は避け、1時間ほどで就寝を。眠る時は体温が下がるので、上がった体温の低下と入眠が重なり、スムーズに眠れることでしょう。

●ルール(9) 腸のゴールデンタイムに就寝する

副交感神経は夜中12時過ぎに活動のピークを迎えます。つまり、その時間帯に腸の活動も最も活発になるため、夜の12時以降が「腸のゴールデンタイム」と言えます。

腸の蠕動運動を促すためには、夜の12時にはすでに眠っていることが理想なので、夜やっていたことを朝にシフトするなどして、なるべく朝型の生活に切り替えましょう。

●ルール（10）眠りにつくタイミングの癒しにこだわる

消化活動は、夜中、副交感神経が高い状態の時に行われます。つまり、入眠する際の癒しに工夫すれば、睡眠中に副交感神経が上がり、腸もしっかりと活動してくれます。それが翌日の便通につながるのです。

アロマを焚く、音楽を聴くなど、自分が癒されると感じることならなんでもＯＫ。ただし、癒しより〝好き〟という要素が強過ぎると交感神経を高めてしまうため、注意が必要となります。

●ルール（11）朝、ゆっくりトイレに入れる30分の余裕を作る

朝は排便するということを体に覚えさせましょう。夜中、副交感神経が高まり、腸が活発に消化活動を行っているため、朝には排便のスタンバイも完了しているのが普通です。最初は出なくても、トイレに入ることを習慣づけてください。

ただし、無理に出そうとするのはＮＧ。朝は必要時間の30分前には起きて、「トイレにゆっくり入れる」という心の余裕を持つことが大切です。

■仕事にも恋愛にも！　自律神経の有効活用法

自律神経を上手にコントロールできれば、すべてのパフォーマンスがアップします。これは便秘解消やダイエットだけではなく、仕事や恋愛などにも活用できます。意外な自律神経バランスの有効活用法を紹介しましょう。

●パフォーマンスを上げるタッピングセラピー

テスト前、大切な打ち合わせの前など、どうしても緊張してしまう場面では、手首の腕時計をするあたりを反対の指でポンポンと一定のリズムで叩くタッピングセラピーがおすすめ。手首の甲のあたりには「経絡《けいらく》」と呼ばれる気の通り道があり、そこを一定のリズムで叩くことで副交感神経がアップします。一瞬のリラックスを取り入れることで、本来の力を発揮できます。

●頭を使う仕事は朝にまとめて行うのが吉

朝は交感神経が優位になっていく時間帯ですが、まだまだ副交感神経も高く、冷静さとエネルギーを兼ね備えているため、脳の思考力が冴えわたっています。メールチェックなどは最小限にして、頭を使う仕事にあてましょう。

逆に、副交感神経が高くなっていく15時以降は思考力も低下してリラックスモードになるので、事務的な作業にあてると良いでしょう。

●仕事の効率を上げたい時はゆっくり動く

時間に追われている時は気持ちばかりが前のめりになり、普段はしない失敗をしたり、他人にあたってしまったりと、気持ちに余裕がなくなります。

そんな時は、あえてゆっくり話をしたり、ひとつひとつの動作を意識的にゆっくりすることで副交感神経を作動させ、仕事のパフォーマンスを上げることができます。

●日記をつけて自律神経を整えモチベーションをアップ！

（1）その日、一番失敗したこと。（2）その日、一番感動したこと。（3）明日の目標。それだけでいいので毎日、日記をつけてみましょう。
（1）は失敗を繰り返さないため、（2）はモチベーションを高めることに役立ちます。そして（3）は、目標を立ててゴールを明確にすることで、やるべきことをはっきりと自覚でき、心に余裕が生まれます。自律神経を安定させる上で、心の余裕がとても重要です。達成しやすい目標を立てるのがポイントとなります。

●呼吸で自律神経をコントロールする

ゆっくり息を吐くと副交感神経が高くなるというのは先に説明しましたが、逆に速く短く息を吐くと交感神経が高くなります。

つまり、緊張していたり、焦っている時はゆっくり息を吐く呼吸、ぼんやりしてやる気が起きない時は速く短く息を吐く呼吸をすれば、自律神経がコントロールできるというわけです。

速く短い呼吸がどうも効果がないという人は、バンザイのように両手を上げて速く呼吸をすると、嫌でも胸式呼吸になり、効果的に交感神経を高められますよ。

●一輪挿しを飾る習慣は、血管年齢を若返らせる！

花を生けると血管年齢が若くなるという報告があります。ただ、毎日大きなアレンジメントを飾るのは大変なので、私は毎日花を一輪だけ飾る習慣をつけています。花を飾る、愛《め》でることのできる心の余裕こそが、人生の質を左右するのだと思っています。

●思考が混乱したらひとまず笑う‼

「あれもこれもやらなければ！」とパニックに陥った時は、副交感神経を高めて気持ちを整えることが大切。

泣きそうな時でも、ひとまずにっこり微笑んでみましょう。口角を上げるだけで、副交感神経が高まるのです。

これは恋愛においても同じです。恋人に対する嫉妬心や猜疑《さいぎ》心が強くなった時は、怒りをぶつける前にひとまず笑ってみて、冷静モードに切り替えてから行動を起こすようにしましょう。

●ラブレターを書くなら朝、告白するなら夜

副交感神経が優位になっていると、理性よりも情動が優先されやすいため、夜にラブレターを書くと恥ずかしいぐらいロマンティックになってしまいます。メールも同様です。夜に書いたのなら、翌朝読み直してから出すようにしましょう。

ただし、直接告白をするのなら、相手の理性のハードルも下がっている夜にするのがおすすめです。

●幸せな恋愛になるかどうかはあなた次第！

穏やかな口調で、人から優しい言葉をかけられた時、ほんわかと幸せな気持ちになるものですが、それは副交感神経が高まるから。そうなると、自分も人に優しい気持ちになり、幸せは伝播していきます。恋人に冷たい態度を取られれば交感神経のスイッチが入り、興奮・戦闘モードに突入します。

ですから、自分が幸せな恋愛をしたいなら、常に副交感神経を作動させ恋人の自律神経もシフトチェンジすればいいでしょう。

■食物繊維は水溶性か不溶性か

便秘解消に役立つ成分の代表と言えるのが食物繊維です。その食物繊維には水に溶けない不溶性と、水に溶ける水溶性とがあると述べてきました。

不溶性の食物繊維は水分を吸って大きく膨らみ、便のカサを増やすことで腸の蠕動運動を促してくれます。

水溶性の食物繊維は水を含むとゲル状になり、便の水分を増やして軟らかくしてくれるという働きがあります。便秘をしている人が食物繊維を大量に摂ると、ガスがたまってお腹が張り、苦しくなることがありますが、これは不溶性の食物繊維が多い場合に起こりやすい現象です。

食物繊維で蠕動運動を起こしても、それまでたまっていた便は腸で必要以上に水分が吸収されて硬くなり、出にくい状態になっているため、腸が膨れてしまうのです。

ですから、便秘の人はまず、水溶性の食物繊維を意識的に摂るようにするとスルッと出やすくなります。

食材には不溶性と水溶性の食物繊維の両方が含まれていることがほとんどですが、そのバランスは食材により大きく異なります。

例えば、食物繊維の多い食材の代表とも言えるサツマイモではどうでしょうか。不溶性3：水溶性1と、不溶性のほうが多くなっています。

レタスの場合は、さらに極端です。不溶性10：水溶性1と大きな開きがあります。

このように、食品には不溶性の食物繊維のほうが多く含まれているので、不溶性の食物繊維を摂ろうと意識すれば、自然と補うことができます。

しかし、水溶性の食物繊維は食物を選定しないと十分に摂れないことが多いので注意が必要。不溶性2：水溶性1が理想のバランスと言われていますが、これをかなえるためには含有量などを計算しなければいけないため、実際には難しいことです。

そこで、食物繊維を摂ることはもちろんですが、中でも摂りづらい水溶性の食物繊維を意識的に補えば、自然とバランスも整ってきます。

水溶性食物繊維を多く含む食品は、**アボカド、納豆、ゴボウ、インゲン豆、オクラ、ニンジン、ナメコ**などです。

■温かい食事をよく噛んで楽しく

食べた物が胃腸に入れば、自然と副交感神経が高まり消化・吸収が始まります。しかし、食べ方には注意が必要。流し込むように大急ぎで食べると交感神経が高まってしまい、食後に働くはずの副交感神経が上がりにくくなってしまいます。

ですから、ゆっくりよく噛んで食べることがとても大切！　唾液を分泌するというのも副交感神経の役割ですが、よく噛むということがそのスイッチになるのです。

唾液が増えると消化が良くなり、胃腸の負担を減らすことができるという点でも便秘解消に役立ちます。

よく噛む習慣ができると、さらに「ヤセ効果」が飛躍的にアップします。例えばアゴを上下させれば顔の筋力がアップして、顔が引き締まって見えます。

そして、よく噛むことで「やせホルモン」と呼ばれているヒスタミンとセロトニンが分泌されます。

ヒスタミンが分泌されると満腹中枢《まんぷくちゅうすう》を刺激して、「お腹いっぱい」と感じられるようになります。

「幸せホルモン」の別名もあるセロトニンは、咀嚼《そしゃく》というリズミカルな運動によって分泌され、満足感が高まることで食欲を抑えられます。

食べ方といえば、**リラックスして楽しく食べることも太らないコツ**です。やはり副交感神経が働き、消化・吸収が良くなるからだと考えられています。

可能であれば、職場で気の休まる人との会話を楽しみながら食べたり、ひとりで食べる場合でもリラックスできる音楽をかけたりするなど、工夫をしてみましょう。

そして、食後は少しの時間でもしっかり体を休めることが大切。すぐに活動すると交感神経が高まってしまい、消化・吸収しづらくなってしまいます。

温かい食べ物を摂ることも消化・吸収を高めます。温かいスープなどを飲むと、心がほっこりしますが、これは副交感神経が働くためです。

あと、夏はどうしても冷たいものが欲しくなります。暑さはストレスになるので、少しであればいいでしょう。しかし、夏とはいえ、冷たいものを摂り過ぎると胃腸が冷え、副交感神経が働きづらくなってしまうので注意しましょう。

■下剤の服用について

便秘というと、「改善のために下剤」という方も多いかと思いますが、頼り過ぎは危険です。使用は必要最小限にとどめ、できるだけ使用回数を減らすように、と下剤の取扱いについては本書でもたびたび触れてきました。

下剤は、「機械的下剤」と、「刺激性下剤」の2種類に大別されます。簡単にいうと、「機械的下剤」は、腸内で動きやすくなるように、便の質に変化を与える薬です。生理現象に近いため、「機械的下剤」を使い過ぎることによって、効果が小さくなるということはありません。

一方の「刺激性下剤」は、その名の通り、腸に刺激を与えて、蠕動運動を強制的に起こす薬です。使い過ぎると体が慣れてしまって薬が効きにくくなります。ですから、長期的な使用には向きません。

「機械的下剤」のグループには、便に水分を吸収させてカサを増す「膨張性下剤」、界《かい》面《めん》活性剤を活用して硬い便に水分をしみ込ませて軟らかくする「浸潤性《しんじゅんせい》下剤」、そして腸が吸収したがらないマグネシウムイオンや硫酸イオンの作用で水分が腸から吸収されないようにし、その水分を便に吸い込ませて軟らかくする「塩類下剤」などがあります。

一方の「刺激性下剤」のグループは、主に3つの系列に分類されます。「アントラキノン系」は、アロエやセンナなどの生薬を主原料としています。効果が強いため、重度の便秘症患者さんに使われることがあります。

「フェノールフタレイン系」は、大腸の粘膜を刺激する物質「フェノールフタレイン誘導体」を使った下剤です。

「ジフェニルメタン系」も大腸の粘膜を刺激して蠕動運動を促す、比較的新しい薬です。胃や小腸で分解されない性質もあるため、大腸で便の水分を増やして便を軟らかくする効果もあります。

下剤は、本当に苦しい時に助けてくれる、ありがたい薬ですが、使い過ぎれば体が自力で働くことをさぼるようになってしまうので、頻繁に使うことは禁物です。食生活や自律神経バランスに気をつけ、腸に優しい生活をすることで、薬に頼らずに排便できるようにすることを目指しましょう。

■プレバイオティクスって何？

腸に優しい食生活の基本の「き」が、発酵食品を積極的に食べることです。

発酵食品と聞いて真っ先に思い浮かぶのはヨーグルト、ヨーグルトと聞いて真っ先に思い浮かぶのは乳酸菌――そういう方も多いことでしょう。テレビ番組やコマーシャルでも、ヨーグルトや乳酸菌飲料の有効性は多く伝えられていますし、実際に毎日の食生活に取り入れて、便通が良くなったと実感している人も多いと思われます。

ヨーグルト関連商品は、値段が安いものから高いものまでいろいろありますが、値段の差異は実は菌の種類による違いです。ローマ字や数字の記号で菌を表示していますが、それぞれがどういう効果があり、どう違うのかまでは一般の方にはわからないでしょう。とは言え、宣伝文句だけを見ていると、同じヨーグルトでも機能に大きな差があるかのように思えるのではないでしょうか。

しかし実際のところ、腸内細菌についてはまだまだわからないことだらけ。**重要なのは、宣伝文句よりも、自分の腸との相性で選ぶこと**です。どんなに貴重な菌でも、どんなに多くの人にとって有効な菌でも、あなたの腸内フローラにとって合うとは限りません。食べた後の便通が良くなったか、お腹の鳴り方や腸の動き方はどうか、便やオナラに不快な臭いがないか……それをチェックすることが大事です。

宣伝文句と言えば、最近では「生きたまま腸に届く」ということが重要視されていますね。機能が高いビフィズス菌、乳酸菌を生きたまま腸に届けることができれば、それが腸内フローラの中に定着し、どんどん繁殖していく――こうしたことを目指し、菌を摂取することを「プロバイオティクス」と呼びます。

しかし、最新の研究では、これは現実的ではないことがわかってきました。たとえ菌が生きたまま腸に届いても、菌の寿命はそう長くはありませんから、その菌が腸内フローラの中で定着・繁殖して、菌の種類のシェアを変えるようなことは、ほぼないのです。ただ、だからといって、ヨーグルトや発酵食品を摂ることは意味がないということにはなりません。むしろ、その有効性の高さがわかってきたからです。

わかりやすく言えば、食べたビフィズス菌や乳酸菌は、腸内で善玉菌のエサになり、善玉菌が元気になります。それを見た日和見菌は善玉菌に加勢し、腸内フローラの生態系が「善」になるのです。菌は生きたままでも生きてなくても構いません。

私たちが普段口にする肉や野菜も、よほど恵まれた環境でなければ〝生きたまま（生《なま》）〟では食べていません。しかし、別に生きてなくても、食べれば元気になります。菌にとっても同じことなのでしょう。

生きた菌を定着させようというプロバイオティクス理論に対し、善玉菌のエサとなる乳酸菌やビフィズス菌、そして**食物繊維を与えることで腸内環境を良くしようとする考えを「プレバイオティクス理論」と呼びます。**

腸内フローラに関する研究は、現在、世界中で進められていますので、今後はもっとさまざまなことがわかってくるでしょう。

善玉菌のエサとして有効なのは、ヨーグルトのビフィズス菌、乳酸菌だけではありません。むしろ日本の伝統的な発酵食――納豆、味噌、醤油、酒、かつお節、漬け物、酢のほうが、日本人の腸内フローラを良くするだろうという意見も根強くあります。

腸内フローラには「お国柄」があり、菌の分布を調べるだけで、人種がわかってしまうほど。納豆に味噌汁、漬け物を食べる習慣を大切にしたいものです。

■玄米は〝便活〟にも非常に有効！

腸内環境を整えるプレバイオティクス理論でも、食物繊維の摂取は非常に重要視されています。良質な便を作る、腸の掃除をするだけでなく、腸内細菌のエサにもなっているからです。

食物繊維を摂取するために野菜や果物をたくさん食べるのもいいのですが、さすがに限界がありますよね。そこで、あまり意識せずに食べている「主食」で食物繊維を摂れるようになれば手軽でいいと思いませんか。

例えば、玄米は白米の6倍もの食物繊維を含んでいますので、1食1杯、一日3回（計3杯）食べれば、一日に必要な食物繊維の半分を摂取できてしまいます。これで野菜や果物で摂る分のハードルが一気に下がりますよね。

玄米に限らず、植物の実は皮に多くの栄養を含んでいます。糖質の代謝に欠かせないビタミンB群も多いので、太りにくくなります。

中にはぼそぼそとした食感が嫌いとか、食べにくいというイメージを持っている人もいるでしょう。しかし、ものは考えよう。皮はよく噛まなければ飲み込めませんから、唾液の分泌を促進し、消化・吸収が良くなります。たくさん噛むことで顔の筋肉も引き締まりますし、ヤセるホルモンも分泌します。

ちなみに玄米は、塩を入れた水に一晩浸けてから炊くとアクが抜け、軟らかくなっておいしく炊き上がります。

また、玄米には白米に比べて5倍近くのマグネシウムが含まれています。下剤の説明の時にも出てきましたが、マグネシウムイオンは腸が吸収を嫌がるため、水分が便に含まれやすくなり、便を軟らかくする効果があります。

完全な玄米ではなくても、精米方法を変えて7分づき、5分づき、3分づきなどでもそれなりの効果が期待できます。玄米にはメリットがたくさんありますので、適度に摂り入れてみましょう。

ごはん以外でも、パンを食べるなら、白いパンよりも全粒粉やライ麦を使った茶色いパンに替えれば食物繊維量が増えます。

植物性の食品はできるだけ「皮つき」で摂ることを心がけましょう。ごはんにせよ、麦にせよ、砂糖にせよ、白く精製されているものは、栄養素の多くも取り除かれてしまっています。なるべく自然に近い形のものを選ぶと栄養価は高くなります。うどんかソバかを選べるなら、ソバを食べるようにしましょう。

また、外食や買って帰って自宅で食べる場合でも、食物繊維を多く摂れるものを選ぶことが大切です。冬場なら野菜やキノコ類をたくさん食べられる鍋物を多く取り入れることをおすすめします。食物繊維が摂れるのはもちろん、気の合う人たちと、ゆっくり時間をかけて食事できるのもいいところ。体もぽかぽか温まりますよね。

食事以外でも、普段摂り入れているものを食物繊維が多いものに置き換えていくことはできます。

例えば、毎日コーヒーを飲む人なら、それをココアに替えれば食物繊維が摂れます。おやつもナッツ類やプルーンなどのドライフルーツに。砂糖をたっぷり含んだケーキの替わりにあんこ（小豆）を含む和菓子もおすすめです。

便秘の症状が重い人は、水溶性食物繊維を多く含むものを食べましょうと繰り返し述べてきましたが、ちょっとした工夫で実践できるのも〝便活〟の強みです。

■食物繊維を食べやすくしよう

食物繊維が大切なのはわかっていても、かさばって食べにくいという方も多いでしょう。そこを食べやすくする工夫を紹介します。

まず朝食におすすめしたいのがフレッシュジュースです。ミキサーがあれば、好きな果物、野菜を使って新鮮なジュースにして飲みましょう。ベースとして、リンゴ、キウイ、バナナなどのフルーツや、ヨーグルトを使うのがコツです。

凍らせた素材を使うスムージーも悪くないのですが、少し温度が低過ぎるのが減点ポイント。朝は交感神経が高いので、少々冷たいものは問題ありませんが、自信のない人は「冷蔵」「常温」で作りましょう。

手軽に調理できるのがサラダです。定番のレタス、キャベツといった野菜もよいのですが、ぜひ摂ってほしいのがネバネバ野菜とキノコ類、そして海藻類です。

さらにおすすめしたいのが、「めかぶ」や「もずく」をベースにしたドレッシング。ネバネバ、トロッとした食感を生かして、酢や麺ツユ、白ゴマや梅肉などをそこに加えましょう。うまみたっぷりの美味しいサラダになりますよ。

野菜は季節に応じてなんでもOKですが、シメジ、水菜、長芋、オクラなどが、水溶性食物繊維が豊富なおすすめ素材です。

そして、たっぷり野菜が摂れて、気持ちをホッと和らげてくれるのが温かいスープ。具だくさんの野菜スープにしましょう。

工夫のポイントとしては、**牛乳ではなく豆乳を使うこと**。大豆には食物繊維だけではなく、腸内細菌の大好物であるオリゴ糖が含まれています。具としては、ゴボウ、ニンジン、レンコン、大根などの根菜をたっぷり。サトイモやジャガイモなどの芋類や、シメジ、マッシュルームなどのキノコ類もよく合います。

白菜キムチをベースに使って、シイタケ、エリンギ、シメジ、エノキダケなどキノコ類をたっぷり入れた、ピリッと辛いキムチスープなどもおすすめします。

腸に優しいスイーツも工夫ひとつでいろいろ作れます。素材として重宝するのは、寒天、オリゴ糖シロップ、サツマイモ、ヨーグルトなど。そして緩下作用のあるプルーンもおすすめ素材です。ただし、美味しいからといって食べ過ぎには注意しましょう。

■子どもの便秘について

子どもの場合、肛門が小さいために排便時に痛みが伴い、それが怖くて便秘になっている場合もあります。そのような場合は、麻酔を使って肛門を広げる治療が必要になります。一週間もお子さんの便が出ないような場合には、そのような異常がないか医師に相談してみてください。特に小児外科の専門医に診てもらうのが良いでしょう。

まだ離乳食が始まる前の赤ちゃんの場合は、まずはお腹マッサージから。植物性のオイルなどを使って手の滑りをよくして、肌に負担をかけないようにしてください。それでも便が出ない場合は、大きめのスポイトのようなもので水を肛門にピュッピュッと吹きかけると、反射で便が出やすくなります。

子どもの腸の神経が成熟していくのはだいたい2歳頃。4歳頃までかかる子どももいます。肛門に問題がないなら、4歳ぐらいまでに自然と良くなっていくのが一般的です。先に紹介したように、専門医に診てもらって肛門に異常がないのなら、焦らずいろいろと試して、出やすい対処法を考えてあげましょう。

子どもの便秘がひどくなると、イライラして落ち着きがなくなり、**多動性《たどうせい》障害などにつながることもあります**。副交感神経も低下して腸の蠕動運動も弱くなり、余計に便秘が進めば、登校拒否を起こす子どももいるほどです。とは言え、お母さんが神経質になり過ぎると逆効果ですので、専門医とタッグを組んで、しっかり治してあげましょう。

子どもでも食生活の改善は大人と変わりませんので、本書を参考に、食物繊維や乳酸菌、オリゴ糖などが摂れるメニューを考えましょう。

離乳食期の子どもの場合は、無理に繊維質ばかりを食べさせるとお腹がハリ過ぎてしまうのでご注意を。たくさん食べるようになると自然に便秘が解消することも多いので、経過を注視してください。

子どもが便秘になると、ノイローゼになるぐらい心配をしてしまうお母さんがいます。しかし、自律神経の状態は近くにいる人に影響されますから、お母さんがそのような状態だと子どもの自律神経も乱れて、余計に便秘が進んでしまいかねません。

まずは、お母さんの自律神経を整えることが子どもの便秘を治す近道だと考えて、気を張り過ぎないことが一番です。

■重度の便秘症は病院へ

便秘は病気ではない――そう思っている方もいることでしょう。しかし、**重度の便秘はれっきとした病気です**。中には、宿便が4キロもたまっていたり、なんと年単位で出ずに苦しんでいる方もいるほどです。自覚がないために放置すると、日常生活に支障を来《きた》す場合もあります。

「便秘くらいで病院に行っていいの？」と悩む人も多いようですが、少しでも心配であれば躊躇《ちゅうちょ》なく受診してください。一般に便秘の定義は「3日間便が出ない、毎日出てもピンポン玉くらいの大きさ（35グラム）」とされていますが、**目安として一週間以上、便が出ない状況が続いたら迷わず病院に行きましょう**。

中には、重度の症状になっても、市販の下剤や便秘薬だけで済ませ、病院に行かない方がいますが、これはかなり危険です。薬で腸を刺激して強制的に働かせていると、便を出す力がどんどん低下してしまうからです。

また、便が出ていても残便感《ざんべんかん》が強いという場合は「直腸瘤《ちょくちょうりゅう》」が考えられます。これは、直腸内にポケットができて、そこに便がたまってしまう病気です。

無理にいきむことでかえって悪化してしまうので、残便感が気になる時も、病院で相談することをおすすめします。

食べた物が腸内に長く滞留すると、便が異常発酵（腐敗）を起こし、悪玉菌がはびこり、腸内環境は最悪の状態になります。腸内でさらに腐敗が続くと、日常生活に深刻な影響を及ぼします。例えば、オナラが臭くなり、続いて、口臭や体臭からかすかに便の臭いが漂います。ひどい場合は、お腹が痛くなったり、吐き気、食欲不振、めまいなど、さまざまな症状を引き起こしてしまいます。

便秘の場合は、通常、胃腸内科や消化器内科、内科といった診療科を受診しますが、「便秘外来」という専門外来を設けた医療機関もあります。便秘に特化した便秘外来は、より多角的に診断してくれるはずです。

その数はまだ多くはありませんが、もし便秘外来がある病院に足を延ばせるようなら、そこで診察を受けてみるのもいいでしょう。

以下に私の勤務先と、私のパートナーが院長を務めるクリニックを紹介しておきます。

●順天堂大学医学部附属順天堂医院プライマリケアセンター
東京都文京区本郷3-1-3
電話03-3813-3111(大代表)
●小林メディカルクリニック東京
東京都港区赤坂2-3-5　赤坂スターゲートプラザ2階
電話03-3589-3717

緊急対応には医師が必要となるでしょうが、それ以後のコンディション作りは、自らの意志で「生活習慣」を改善していくことが必須です。毎日、朝食も摂らずに出勤、仕事が忙しくストレスが蓄積する——そのような生活を続けていては、どんなに適切な治療を受けていても便秘は改善しません。

たとえ一時的に良くなったとしても、また同じ症状に苦しむことになるでしょう。**どんな病気でも治すのは自分なのだという意識を持つことが何よりも大切です。**便秘を治したいなら、自分自身の意識を変えることから始めましょう。

第4章

腸でヤセるメソッド

―実践編―

■気軽にできる排便力トレーニング

本章では総まとめとして、人生が好転する腸活トレーニングを紹介していきましょう。腸は、刺激を受けると意外とすぐに反応します。朝コップ1杯の水を飲むのも、胃に水が入った重みで腸を刺激するからです。反応がいい方なら、それだけで便意を催《もよお》すことでしょう。排便したいのに「あともう一歩！」という時にも、腸を刺激する運動を取り入れるのは、とても効果的です。

まずは、排便力を鍛えるエクササイズから。便活ルールによって腸内環境が良くなってくれれば、運動効果も感じられるようになりますので、ぜひ続けてみてください。

まずは、3つに分けて、いくつか有効なエクササイズを紹介していきます。第2章で紹介したエクササイズでは物足りないという方はぜひ取り入れてみてください。

もちろん、これらをすべて行う必要はありません。第3章の「便秘タイプ問診表」で適合した自分の便秘タイプに基づき、足りない部分をトレーニングで補ってください。

「副交感神経を上げるためのウォーミングアップ」は、パフォーマンスをアップさせる準備体操として、プロのスポーツ選手にも指導しているほど秀逸なプログラムです。
一般の生活を送っている方でも自律神経が整い、腸内環境も改善し、体調が良くなっていきますので、夕食後などに行い、睡眠の質を向上させてください。

【1】副交感神経を上げるためのウォーミングアップ

自律神経のバランスを整えるとともに、副交感神経のレベルも上げる4つの体操です。いつでもいいので各1分を目安に行いましょう。

●体側伸ばし

脇腹の筋肉を伸ばして腸を刺激して、血流をアップする運動です。

①足を肩幅に開いて立ちます。息を吸いながら両腕を上に伸ばし、片方の手でもう片方の手を掴みます。
②ゆっくりと息を吐きながら、掴んだ手を引っ張って、横に倒すイメージで体側（体の横のライン）を伸ばします。
③息を吸いながら元の位置に戻ります。

④手を持ち替えて、ゆっくりと息を吐きながら、反対側の体側を伸ばします。

●上半身伸ばし

背中から脇腹をリラックスして、副交感神経のレベルを上げます。

①足を肩幅に開いて立ちます。息を吸いながら、手の甲を上にして両腕をまっすぐ前に伸ばし、片方の手でもう片方の手を掴みましょう。

②ゆっくりと息を吐きながら、掴んだ手を手前に引っ張って、上半身を伸ばします。腰を支点にして上半身をひねるイメージです。

③息を吸いながら元の位置に戻ります。

④手を持ち替えて、ゆっくりと息を吐きながら、反対側にひねります。

●肩甲骨緩め

猫背で血流の悪くなった肩甲骨の可動域を広げます。

①座って（または立って）背筋を伸ばします。

②片腕を前に出して、手首が上になるようにひじを直角に曲げます。

③反対の手で、下からしっかりとひじを持ち、固定します。

④曲げたほうの手首を右回りで10回、左回りで10回まわします。
⑤左右の手を持ち替えて、同じように手首を回します。

●**股関節緩め**

筋肉ではなく、股関節そのものを刺激する運動です。
①イスに座り、足を反対側のひざに乗せます。
②手を使って足首をぐるぐる右回りで10回、そして左回りで10回まわします。
③足を組み替えて、反対の足首をまわします。

【2】腸の蠕動運動を促すトレーニング

腸を動かしたいタイミングで行って、蠕動運動を促しましょう。寝る前や、排便前に行うのが効果的です。

●**体幹ツイスト**

体をひねって効率よく腸を刺激して、蠕動運動を促しましょう。
①軽く足を開いて仰向けに寝転がります。両腕を横に広げます。
②右足のひざを曲げて、腰から下を左側へとひねります。このとき、上半身は反対に

▲息を吸いながら掴んだ手のほうへゆっくりと

体側伸ばし

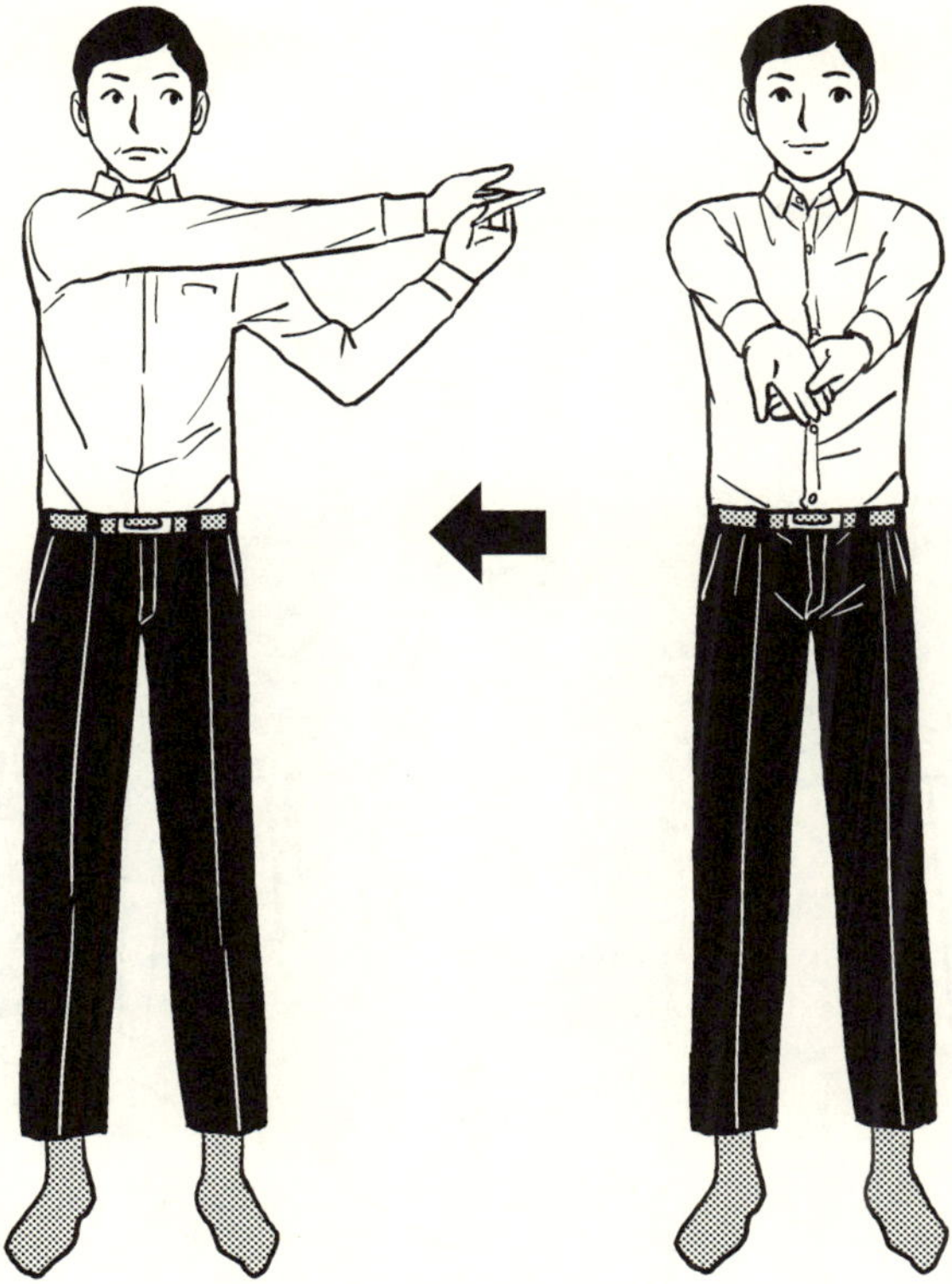

▲掴んだ手で腕をしっかり伸ばしましょう

上半身のばし

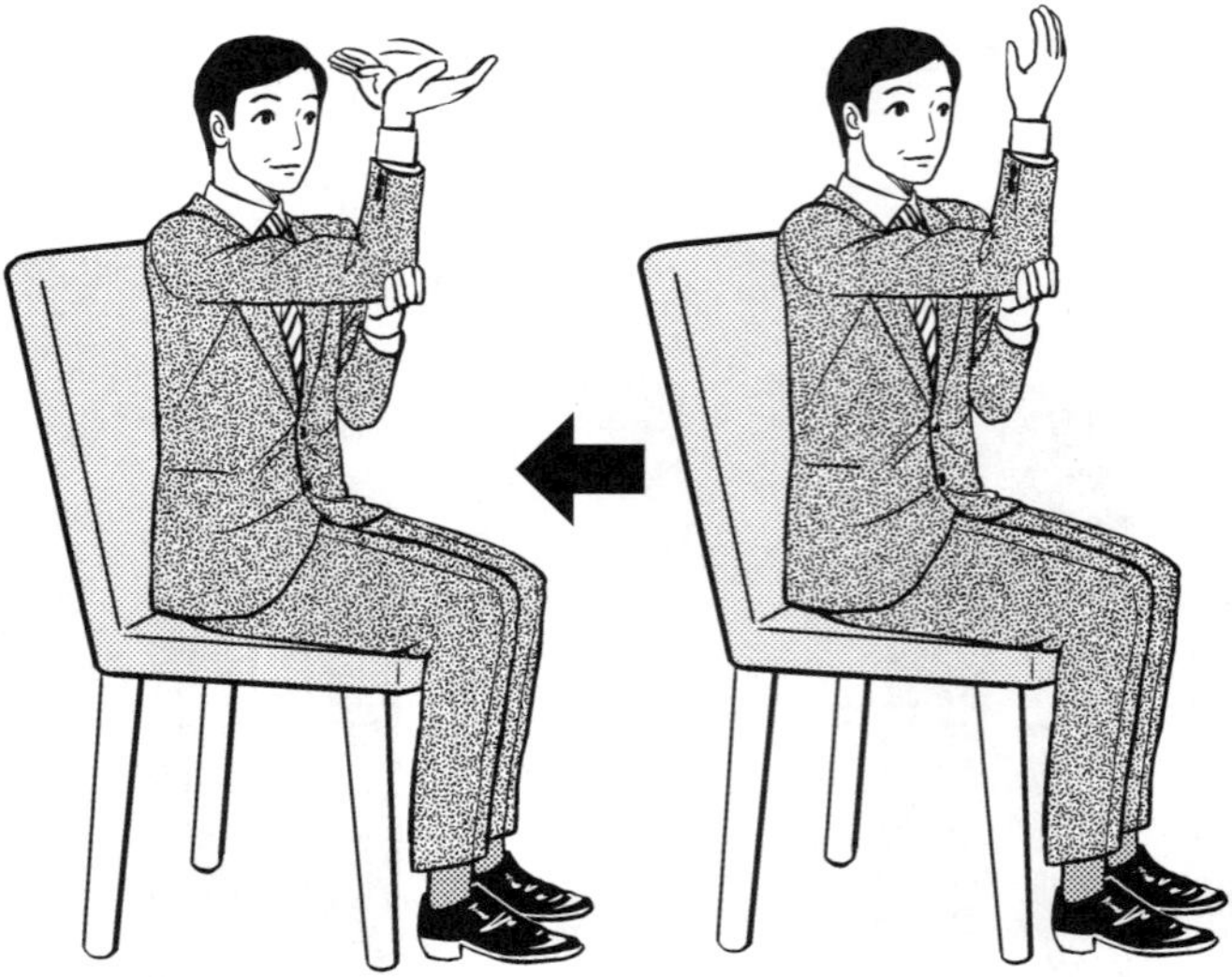

▲反対側の手でひじを固定したら手首を回しましょう

肩甲骨緩め

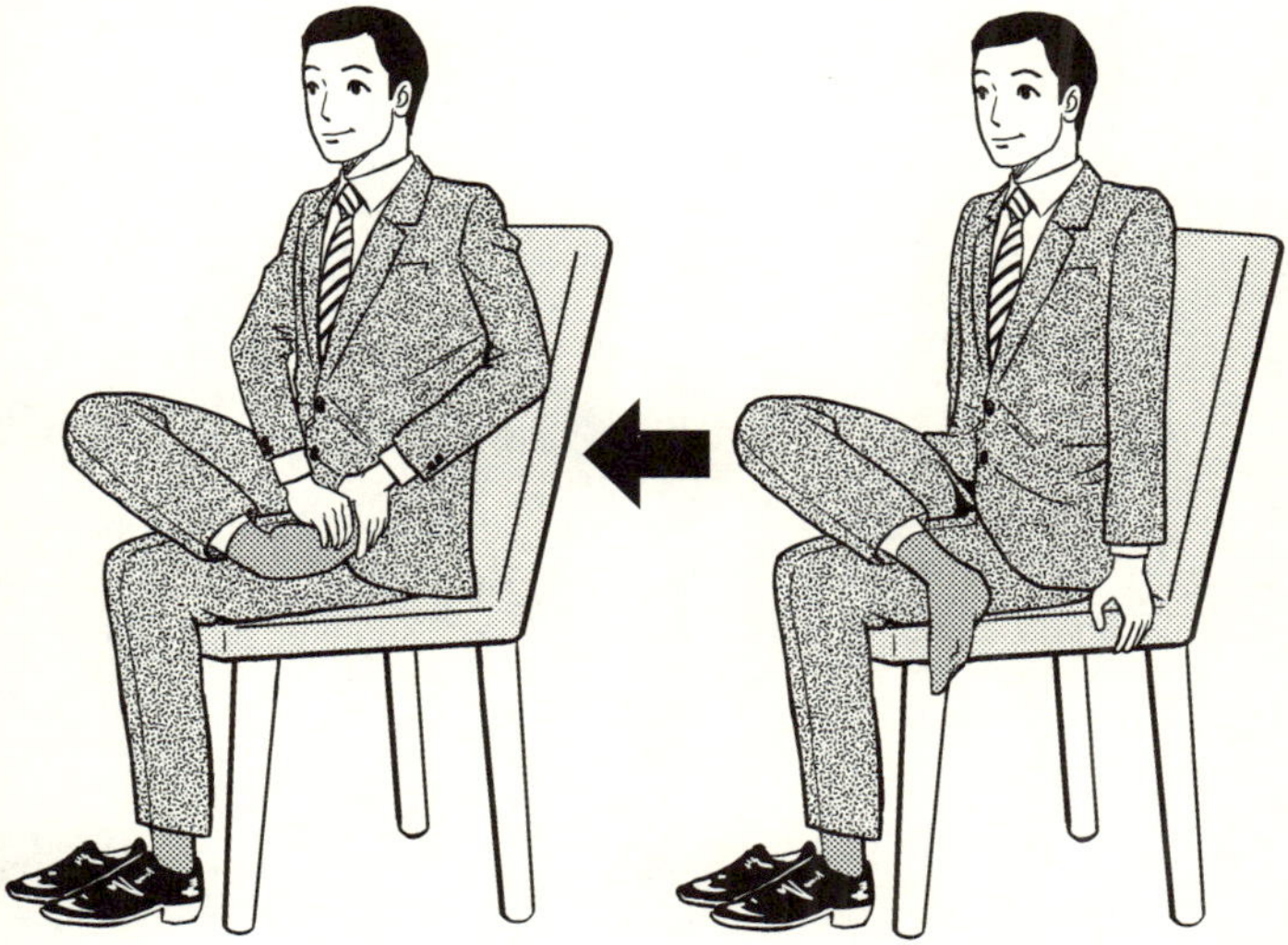

▲足を反対側のひざに乗せぐるぐる回しましょう

股関節緩め

ひねるようなイメージで。5秒ほどキープします。

③足を入れ替えて反対側にひねります。

●腹式呼吸腹筋

女性の場合は、特に腹筋の弱さが便秘の原因になることがあります。腹圧をかけて、蠕動運動が起きやすいようにしましょう。

①仰向けに寝転がります。この時、腰の下にクッションを敷きます。足は軽く開き、両ひざを直角に曲げ、両腕を胸の前でクロスさせます。

②呼吸を止めないように意識しながら、上体を少し持ち上げます。自分のおへそを見るイメージです。クッションから離れる程度でOK。20回を目標にしましょう。

●腸ストレッチ

お腹を伸ばす動作で腸に刺激を与えます。深呼吸を組み合わせることで副交感神経を高めましょう。

①うつぶせに寝て、両手で支えながら上体を起こします。この時、両腕は伸ばして、ひざは足先が上になるように直角に曲げます。

②この姿勢のまま深呼吸を繰り返しながら、30秒キープします。

【3】肛門括約筋を刺激するトレーニング

スムーズな排便ができるよう外肛門括約筋を鍛え、排便のサインを送るセンサー機能の低下も予防しましょう。

●また割り

普段はあまり伸ばすことのない股関節周辺の筋肉をストレッチしましょう。

①大きく足を開いて立ちひざを曲げて腰を落とします。相撲の四股のイメージです。

②両ひざに手のひらを置き、おしりのほっぺがツイストするイメージで、ゆっくりひねっていきます。左右10～15秒ほどキープしましょう。

●肛門ツイスト

肛門に刺激を与えるという点では優れている和式トイレの姿勢をイメージします。

①足を大きく開いてしゃがみます。バランスが取りづらい時は、壁やイスの背もたれなどにつかまります。この時、かかとをつけられればつけてしゃがみます。

②おしりのほっぺを左右にツイストさせるイメージで体をひねります。

■いきみ過ぎは危険

便が出ないと、ついついいきみ過ぎてしまいます。しかし、それがさまざまなトラブルのもとになりかねません。

まず起こりやすいのが「痔」です。出産後などは直腸にポケットができてしまう「直腸瘤」にもなりやすくなります。

一番危険なのは、脳卒中など、深刻な血管系のトラブルです。いきむとついつい息を止めて力を入れてしまいますが、これが**脳卒中など危険な病気を引き起こすきっかけになることがある**のです。

高齢者はもともと気温差の激しい冬のトイレでは脳卒中などの病気を起こしやすいのですが、さらにそこで呼吸を止めて、「いきむ」という血管にとって非常に危険な要素が加わると、リスクは格段に高まってしまいます。

高齢者でなくても、息を止めるということは全身の血流を悪くしてしまいますので、絶対にしないように注意してください。

排便したいのになかなか出ないという場合には、**「一時退却」するのがいいでしょう。**

イライラすると交感神経が高まり、余計に出にくくなってしまいますから、一度サッと切り替えて、心の余裕を持つことが大切です。エクササイズをしたりして、仕切り直すと意外とスッと出るものです。

そのためには時間の余裕も必要になります。朝を排泄タイムにする場合、余裕を持って起きるようにしましょう。

ウォシュレットで肛門を刺激しているという人は、マッサージや運動に切り替えたほうがベターです。現在は公共の施設でもウォシュレットが装備されているケースも増えましたが、ない場合でも自信を持って排便できるに越したことはありません。

とにかく、「出さなければ！」という気持ちは余計に排便を遠ざけてしまいます。副交感神経を上げる「四・八呼吸法」（73ページ）を行いながら、リラックスしてトイレタイムを過ごしましょう。

通常は5分以内で便意がきますが、あまりに出ない場合は、諦めも肝心。毎日出なくても心配はいりません。

■自律神経にいい運動

適度な運動は便秘症にとっていいことです。ただし、あくまでも「適度」というのが重要です。ここでも「がんばり過ぎない」ことが大切。個人差もありますので、とても曖昧《あいまい》な表現になってしまいますが、運動も度を超してしまうと交感神経優位を助長することになり、それがかえってストレスのタネにもなりかねません。「運動をすればするほど健康になる」という考え方は正しくないと認識しておく必要があるでしょう。

私が特に気になっているのが「ランニングブーム」です。毎年恒例の東京マラソンや大阪マラソンなど、全国各地で大会が行われ、非常に多くのランナーが参加しています。しかも、多くの方がかなりストイックに記録にチャレンジしているようです。

もちろんチャレンジ精神は素晴らしいと思うのですが、消耗という意味でも、精神的な負担という意味でも、決して健康のためになっていないというケースが多いのではないかと心配なところもあります。

ランニングよりもはるかにおすすめしたいのがウォーキングです。人間という動物にとって、歩くことは非常に自然なことで、おそらく座り続けているよりは、歩き続けているほうが、いい心身の状態を保てるのだと思います。

歩いていても心臓や肺、血管に無理がかかることはありません。それでも脂肪燃焼効果は非常に高いものがあります。全身のポンプ機能が働き、血流が良くなり、リズミカルな運動により、幸せホルモン「セロトニン」が分泌し、副交感神経が優位になります。

ウォーキングが有効な時間は夕方から夜なのですが、安全や時間が確保できないようであれば朝や昼でも問題ありません。何も難しいことはないでしょう。**通勤時の「徒歩」をそれにあてればいいだけです。**

一般的には少し早めに歩くことが推奨されていますが、私はゆっくり歩いてもいいと思います。多少のスピードの違いで、消費カロリーに大きな違いが出るわけでもないからです。むしろ、気道を広げるために背筋を伸ばし、伸び伸びとゆっくり歩くほうが、副交感神経を高められます。

大事なのは、楽しむこと。顔を上げて、口角を上げてニコッとした表情で歩いていれば、どんどん気持ちが晴れてリラックスでき、腸の状態も良くなっていくことでしょう。

■パフォーマンスとゾーン

私は、一流アスリートのコンディショニングにも携わってきました。彼らにとっても、副交感神経のレベルを高めることが非常に重要です。

スポーツ選手は極度の緊張状態の中で、常に最高のパフォーマンスを求められています。緊張した状況はストレス状態ですから、交感神経が高まります。より多くの酸素を取り入れるために心拍数が上がり、呼吸も大きくなります。精神的には集中が高まっているのですが、冷静さは失いがちです。また、瞬発力が高まりますが、細かいコントロールは狂う可能性が高くなります。これはビジネスシーンでも同じかもしれませんね。

スポーツでも仕事でも、緊張状態下でハイパフォーマンスを実現するには、交感神経と副交感神経がともにハイレベルである必要があるのです。心は熱く、頭はクールに、究極の集中力と研ぎ澄まされた感覚――**そのような状態を「ゾーン」と呼びます**。ゾーンに入ったアスリートは、驚異的なパフォーマンスを見せるのです。

外科手術をする時、私もゾーンに入る必要がありました。そこでどうすればいいかを自分なりに体得したのが「四・八呼吸法」でした（73ページ）。私が一流アスリートに指導している内容も、極論すればこの四・八呼吸法だけです。

現代のビジネスパーソンもハイパフォーマンスを求められるようになりました。それは、仕事と働き方が時代とともに変化してきたことに関係があります。

1950年代半ばから70年代の半ばまで、日本が高度経済成長期にあった頃は、モーレツに働いてさえいれば、誰もが絶好調という単純な図式でした。

そのため、個人の能力差に焦点が当たる場面は、現在ほどなかったと言っていいでしょう。ライバルの企業も含めて、業界全体がだいたい同じようなパターンで成長し、個々の社員も、だいたい同じようなパターンで出世していきました。当時の「サラリーマン」の出世を決めたのは、終身雇用を前提とした「年功序列」のルールだったのです。

ところが、現代のビジネス界はまったく様相が異なっています。当たり前だった終身雇用、年功序列システムはグローバル化の勢いに飲み込まれ、次第に崩れていきました。

今は、実力ある者が取り立てられ、特別待遇を受けるのが当たり前の時代です。その進展は企業によって多少の時間差がありますが、すでに多くの職場で、年齢や性別、人種を問わず、能力主義、実力主義で組織が運営されています。それに伴って、個々の従業員はそのパフォーマンスが常に評価され、管理されるようになりました。

また、働く側の意識も変わりました。家族と過ごしたり、趣味を楽しんだりする時間を増やして、心身をリフレッシュするのもビジネスパーソンの務めだとする考えも、徐々にですが、増えてきたようです。長時間労働によって健康を害してしまうような働き方は、過去のものになっていくことでしょう。

こうした時代のニーズもあって、現在のビジネスパーソンは、短い労働時間で高い成果を出す「ハイパフォーマンス」を求められています。

コミュニケーション能力、管理会計のスキル、「すぐやる」決断力と行動力、筋力トレーニング、語学力、情報活用術、プログラミング……アプローチの仕方はさまざまですが、いずれも効率良く成果を上げるための努力だと言えるでしょう。

トップアスリートもビジネスパーソンも、ハイパフォーマンスのためにゾーンに入ることが求められています。**「呼吸を制すれば自律神経を制す」**――皆さんもぜひ「四・八呼吸法」をマスターして、ゾーンに入るコツを身に着けてください。

■何よりも大切なのは「リズム」

「ダイエットで一番大切なことはなんですか？」

よく聞かれる質問ですが、そう簡単には答えられるものではありません。ただ、消去法で「それではない」と消していけるものなら、いくつもあります。

驚かれるかもしれませんが、一般的に言われている「食べ物の制限」や「運動」は簡単に除外できます。その理由は簡単。減量のために〝特別にやること〟はあまり大切ではないからです。特別なことをやるのは負荷がかかります。いわゆるストレスフルです。

食べたいものが食べられない――。

運動のノルマを果たさなければいけない――。

目標達成まで我慢強くできるかどうか――。

目標達成した後も続けられるか――。

心配は尽きません。特別なこと、無理なことは習慣にはなることはないでしょう。目指すべきところは、生活の習慣が変わり、太る心配のない人になることなのです。

例えば禁煙に成功した多くの人は、もう二度と喫煙者には戻らないと決めて、実際戻らない人が多い傾向にあります。

でも、ダイエットした人はどうでしょう。多くの場合は、もう太りたくないと心に決めても、また太ってしまっています。この違いはなんでしょうか。

それは体質の変化だと思われます。単に依存症やニコチン中毒から脱却したというだけでなく、タバコの成分が嫌いに感じられるような体質になったのではないでしょうか。ひょっとしたら腸や腸内フローラが反応しているのかもしれない、とすら私は思います。

ダイエットの場合も、太らない体質、太ることを拒否する体質に変身すればいいのです。そのためには、どうなればいいのかが問題なのです。

そう考えると、私にはひとつの答えが浮かびます。それは「リズム」です。

また禁煙の例になってしまいますが、タバコもリズムで吸ってしまう部分が大いにあります。「あれが終わったら一服、これが終わったら一服」と、決まったリズムにのっとってオートマチックに吸ってしまうのです。

ダイエットの場合は、正しい食習慣と自律神経バランスを整えること。それによって腸内環境と腸の機能を良くすることが目指すべき全体像です。

それを作っていくのは何かと言えば、生活の中のリズム——**いいリズムを作り、それが習慣になるのだと思います**。

仕事の都合もあるので、難しい人もいるでしょうが、体内時計が狂ってしまう夜更かし型はどうしても自律神経バランスを崩しがちです。まずは早起き型になることがいい生活リズムへの第一歩となります。

次に気をつけたいのが食事の時間。特に夕食が就寝時刻に近くなると、なかなか寝つけず、睡眠の質が低下して疲れがたまる悪循環になります。それだけでなく、自律神経バランスも乱れていってしまいます。夕食は就寝時刻の3時間前、できれば午後8時までに済ませておきたいものです。

そして、食事のリズムで最も重要なのは**「6の法則」、つまり朝食、昼食、夕食は6時間ごとに摂るのが基本だという法則**です。

6時間の根拠は、消化スピードにあります。食べたものが小腸の末端に到達するのに6時間かかります。このタイミングが、空腹感とともに美味しく食べられる絶好の機会なのです。このリズムができれば、腸内環境は飛躍的にアップします。

腸にボトルネックができるのは、主にストレスが原因です。お腹が空いたのに食事ができないとイライラするのは当然のこと。もしもそれに慣れて落ち着いていられるようになったとしても、腸と腸内細菌のイライラは治まりません。腸のストレスはボトルネックの元、そして自律神経バランスの乱れの元なのです。

腸が欲しているタイミングで、リズム良くおいしく食べるのは、「何を食べるか」よりずっと重要なのです。

例えば「6の法則」にのっとれば朝6時に朝食を食べるのが望ましいとしましょう。理想を言えば、ご飯と味噌汁と漬け物を食べて、食後にヨーグルトも食べたいのですが、早朝、それを続けるのはとても無理だとします。難しいのであればどうしましょうか。

できないことを無理してやろうとしても続きません。続かないことを習慣化しようとしても、やっぱり無理なのです。

それであればバナナ1本とヨーグルトでも構いません。体にとって理想のリズムを維持できる、現実的なメニューでいいのです。

体にとってストレスなのは、食べ物の内容よりも、食べてほしい時間に食べてくれないことなのです。

こうしたことを肝に銘じ、明日からの腸活に生かしてほしいと願っています。

本書は「ダイエット」「便秘解消」をベースに「腸活」を提案してきましたが、腸が私たちの心身にもたらすスゴい力も実感していただけたのではないでしょうか。

「腸はすべてを知っている」

これは大げさでもなんでもありません。腸を大事に日々を過ごしていけば、体重も自然に落ち、ウエストも細くなり、肌もキレイになります。そして精神的にも余裕が出てきて、仕事のパフォーマンスも向上していきます。

本書のサブタイトルは**「人生が好転する〝腸活〟のススメ」**としましたが、その真意が読者の皆様にも伝わったのではないでしょうか。

どうかがんばり過ぎずに〝腸活〟に取り組んでみてください。腸の力できっとあなたの人生は好転することでしょう。

おわりに

本書の第1章で、「腸は第二の脳である」というより、むしろ「脳は第二の腸である」が正しいのではないかということを述べました。昨今、最新研究のニュースに触れるたびに、私はその思いを強くしています。

腸も脳も、神経細胞がはりめぐらされた「考える臓器」ですが、考えている方向性がまったく違います。

脳はなんでも知りたがります。世の中には知らないほうが幸せなこともたくさんあると思いますが、脳の欲求はとどまることを知りません。他人と自分を比較して、もっともっとと欲しがるのも脳の働きです。

それが競争を生み、活力となり、文明を発展させてきたという見方もできますが、そのせいで不幸になることがなかったわけではありません。自動車と交通事故、火薬と爆弾、学問の普及と受験戦争などが好例でしょう。

そして、自分の能力では飽きたらず、コンピュータや人工知能を作り出しました。おそらく人工知能も、恩恵と不幸の両方をもたらすことになるのではないでしょうか。

脳とよく似た文字に「悩」というのがあります。文字の右部分（つくり）は、髪の毛が生えた頭頂部を表す象形文字なのだそうです。それに肉体を表す「月」（にくづき）がつけば「脳」、精神を表す「忄」（りっしんべん）がつけば「悩」になります。

生物の進化の歴史をひも解けば、先に腸があり、ずっと後になって脳ができました。つまり、腸が「悩み」を脳に押しつけたという言い方もできるわけです。

脳の欲求は果てしなく、終わりがありません。それに比べて、**腸は大人しく、我慢強く、謙虚です。自分の能力を超えたものが欲しいなどとは考えません。**

脳が人工知能を作り出すのとは対照的に、腸はあくまでも大昔からの伝統を守って、腸内細菌という自然とともにあろうとしています。

科学文明も悪いことではありませんが、人間は自然界に棲息する動物の一種でしかありません。人類がどんなに知能を駆使して宇宙を自分の思うままにしようとしても、腸内細菌の力を借りなければ、自分の健康すら維持できないような生き物なのです。

そこに気がつくことが重要だと私は思います。脳の求める通りに行動し、脳に振り回されるのをやめて、腸と腸内細菌のために優しい生き方をすれば、人間の体はどんどん健全になっていきます。体が必要とするエネルギーや、体の原材料はすべて腸が吸収することから始まります。その大事な流れを作っているのが蠕動運動であり、排便なのです。

「健康は腸に始まり腸に終わる」という言葉は、決して言い過ぎではありません。

実際、腸内にボトルネックがなくなれば、スッキリとヤセられます。腸内細菌と免疫細胞が強力なスクラムを組んで、がんをはじめさまざまな病気を撃退します。心も穏やかに落ち着いて、うつ病や認知症のリスクも下がります。

私がここまで腸にこだわるのは、実は私自身の経験に基づいています。

かつて外科医としてストレス過剰で多忙な毎日を過ごしていた頃、心身のバランスが崩れているのを自覚しました。仕事柄、一瞬も気を抜けない時間が続き、なかなか眠れない日々……慢性的な疲労感も色濃くありました。

まさに「医者の不養生」を地で行くようでした。このままではいけない、どうやってリフレッシュさせていくかを自分なりに考えましたが、なかなか自由な時間が取れない私にとっては、続かないものばかりでした。

そこで私は、腸の研究者でもありましたから、腸と腸内細菌の力を信じ、そのパワーを最大限に活用することにしました。早起き型に変え、寝起きに一杯の水を飲み、朝食を必ず摂り、スキマ時間を利用して体に負担の少ないウォーキングを続けました。

こうした小さな積み重ねがもたらした結果は驚くべきものでした。1カ月もすると、明らかに疲れにくくなりましたし、しかも、それまで悩まされていた肌のトラブルがすっかり解消したのです。3カ月もすれば、心にもすっかり余裕ができました。

こうした経験から、**腸の持つパワーを皆さんにお伝えすることが自分の使命だと思うようになりました**。それが後に「便秘外来」を開設することにつながっていったのです。

腸が良くなれば、自律神経のバランスが整います。理想的な自律神経バランスは、周囲に伝播し、少しずつ周りに広がっていきます。本書がそのお役に立てるようであれば望外の幸せです。

2017年8月吉日　順天堂大学医学部教授　小林弘幸

2週間でヤセる法則
「腸活」+「便活」で最強ダイエット！

著者　小林弘幸

2017年9月10日　初版発行

小林弘幸（こばやし　ひろゆき）
順天堂大学医学部教授。日本体育協会公認スポーツドクター。
1960年、埼玉県生まれ。順天堂大学医学部卒業。同大学大学院医学研究科修了後、ロンドン大学付属英国王立小児病院外科、トリニティ大学付属医学研究センター、アイルランド国立小児病院外科、順天堂大学小児外科講師・助教授など歴任し、現在に至る。自律神経研究の第一人者として、プロスポーツ選手、アーティスト、文化人へのコンディショニング、パフォーマンス向上指導に関わる。また、順天堂大学に日本初の便秘外来を開設した〝腸のスペシャリスト〟でもあり、これまでに1万人以上の便秘患者を診察している。主な著書に『なぜ、これは「健康」にいいのか？』（サンマーク出版）、『聞くだけで自律神経が整うCDブック』（アスコム）、『便活ダイエット』『朝だけ腸活ダイエット』（小社刊）など。また、『世界一受けたい授業』（日本テレビ）や『中居正広の金曜日のスマイルたちへ』（TBS）などメディア出演も多数。

発行者　横内正昭
編集人　岩尾雅彦
発行所　株式会社ワニブックス
〒150-8482
東京都渋谷区恵比寿4-4-9えびす大黒ビル
電話　03-5449-2711（代表）
03-5449-2716（編集部）

装丁　橘田浩志（アティック）／小口翔平・上坊菜々子（tobufune）
構成　菅野徹
校正　オールアロング
イラスト　岩田やすてる
編集協力　翼咲美佳
編集　岩尾雅彦

印刷所　凸版印刷株式会社
DTP　株式会社 三協美術
製本所　ナショナル製本

定価はカバーに表示してあります。落丁本・乱丁本は小社管理部宛にお送りください。送料は小社負担にてお取替えいたします。ただし、古書店等で購入したものに関してはお取替えできません。

ISBN 978-4-8470-6593-4
ワニブックスHP　http://www.wani.co.jp/
WANI BOOKOUT　http://www.wanibookout.com/

効果や効能には個人差があります。
また病気や持病がある方は、必ず医師にご相談のうえ、実行してください。